一种花开，两种声音
——英汉典籍作品比较研究

徐文戫 著

吉林出版集团股份有限公司
全国百佳图书出版单位

图书在版编目（CIP）数据

一种花开，两种声音：英汉典籍作品比较研究 / 徐文彧著. -- 长春：吉林出版集团股份有限公司，2023.1
ISBN 978-7-5731-2633-7

Ⅰ.①一… Ⅱ.①徐… Ⅲ.①英语-翻译-研究 Ⅳ.①H315.9

中国版本图书馆CIP数据核字(2022)第193279号

YIZHONG HUAKAI，LIANGZHONG SHENGYIN：YINGHAN DIANJI ZUOPIN BIJIAO YANJIU

一种花开，两种声音：英汉典籍作品比较研究

著　　者	徐文彧
责任编辑	杨　爽
装帧设计	优盛文化

出　　版	吉林出版集团股份有限公司
发　　行	吉林出版集团社科图书有限公司
地　　址	吉林省长春市南关区福祉大路5788号　邮编：130118
印　　刷	定州启航印刷有限公司
电　　话	0431-81629711（总编办）
抖 音 号	吉林出版集团社科图书有限公司　37009026326

开　　本	710 mm×1000 mm　1 / 16
印　　张	13.5
字　　数	220千
版　　次	2023年1月第1版
印　　次	2023年1月第1次印刷

书　　号	ISBN 978-7-5731-2633-7
定　　价	78.00元

如有印装质量问题，请与市场营销中心联系调换。0431-81629729

前言
Preface

  中国古代文学历经千百年来的传承与演变，留下了无数的宝藏待发掘，有着大量的艺术精华待汲取。中国典籍作品遵循"走出去"原则，这种中国文化典籍作品输出本身，无疑扩大了中国文化与文学在世界范围内的传播与影响，对中国文化与文学自身的发展也起了一定的促进作用。

  21世纪，从事中国典籍作品翻译工作的学者面临的最大难题就是如何激发中华典籍作品的无穷生命力，引导中国文学走向世界之林。因此，中国的当代学者必须拓宽学术视野，从宏观视角看待中华典籍作品的翻译与传播，选取适当的翻译策略和传播途径，实现中国典籍作品顺利"走出去"，跨越国度，在世界范围内传播。

  本书以中国典籍作品翻译比较与传播为主要研究内容，一共分为七章。第一章对中国典籍作品加以概述；第二章对中国典籍作品英语翻译发展趋势进行了基础性阐述；第三章论述了中国早期思想流派作品翻译比较；第四章对中国经典戏剧作品翻译进行比较，并总结了可借鉴的经验；第五章以中国明清小说作品翻译比较为探索内容；第六章以中国典籍作品海外传播影响为论述内容；第七章针对中国典籍作品海外传播展望进行了论述。

  因笔者时间和精力有限，书中难免有不足之处，恳请广大读者和专家学者予以指点与斧正。

徐文彧
2022年11月15日

目 录
Contents

第一章　绪论 001
第一节　中国典籍作品概念界定 003
第二节　中国典籍作品翻译意义探寻 007
第三节　中国典籍作品翻译溯源 013
第四节　翻译与传播的契合点 022

第二章　高掌远跖——中国典籍作品英译发展趋势 033
第一节　翻译者从世俗化到学术化的变迁 035
第二节　中国典籍作品英译作品刊登期刊 041
第三节　中国典籍作品英译趋向繁荣 046

第三章　典谟训诰——中国早期思想流派作品翻译比较 053
第一节　《论语》翻译策略比较 055
第二节　《庄子》翻译策略比较 063
第三节　《墨子》翻译策略比较 071

第四章　文如春华——中国经典戏剧作品翻译比较 081
第一节　《牡丹亭》翻译策略比较 083

第二节　《长生殿》翻译策略比较...097

　　第三节　《西厢记》翻译策略比较...104

第五章　字字珠玑——中国明清小说作品翻译比较.................115

　　第一节　《水浒传》翻译策略比较...117

　　第二节　《红楼梦》翻译策略比较...123

　　第三节　《聊斋志异》翻译策略比较...139

第六章　遐迩闻名——中国典籍作品海外传播影响.................155

　　第一节　中国典籍作品在英国的传播...157

　　第二节　中国典籍作品在德国的传播...168

　　第三节　中国典籍作品在法国的传播...171

第七章　旭日东升——中国典籍作品海外传播展望.................179

　　第一节　中国典籍作品传播新探索——译介.................................181

　　第二节　中国典籍作品译介途径...194

　　第三节　中国典籍作品译介前景...199

参考文献...202

第一章 绪论

第一节　中国典籍作品概念界定

一、典籍的概念

（一）中国典籍的概念

"典籍"中的"典"指的是法则与制度等重要文献内容，"籍"特指"书册"与薄册。"典籍"二字合用始于战国时期，直至汉代"典籍"一词被用作各种书籍的总称。

"典籍"泛指古代的书籍。典籍是中华文化遗产中一个重要的内容，中国典籍可以清晰完整地记录古代人民的思想情感以及流传的知识与文化。

中国典籍也常常被称为中国文化典籍，其中的"文化"一词最早起源于西汉时期，将原本单独出现的"文"与"化"合二为一。"文化"一词与自然界相连，人改造自然，使自然脱离纯粹的自然，自然成为人化的自然。文化是人创造力的外化，人改变自然，人也是自然的一部分，因此，在改造自然的过程中，人随之发生改变，人与人之间的关系受到社会法律、风俗、习惯的约束。文化的概念不断延展，从自然界走向人文领域，可以说，有人的地方就有人化的东西，就有文化因素，因此，文化无处不在。中国古代典籍就是将中国的文化内容记录、书写成的篇章与书册记录。

（二）典籍的产生

中华民族传统文化浩如烟海，文化的载体从远古时期的石器发展到玉器、甲骨、青铜器、竹简木牍、罗帛纸张等，形态各异。典籍是文化载体构成的基本要素。

文字书写构成典籍作品，因此，文字形成是典籍产生的基础条件。近代人类文明学研究成果早已证明，在文化衍生发展进程中，各民族储存信息的手段经历了实物记事、画图记事、符号记事、文字记事这几大发展阶段。

从《周易》中记载的"上古结绳而治"可以得知，在远古文明中人们采用结绳记事法记载与传递信息。从近代相关调查研究中可以发现，我国的云南少数民族，如哈尼族、彝族等仍然留存着一些绳结记事的实物。除此之外，在云南佤族的一些长木板上，根据现在留有的深浅不同的缺口可以得知族中历年发生的大小事件。

图画曾在文字被发明之前起到记载的作用，如从1987年以来中国考古学家在西北贺兰山东麓发现的一万多幅岩画就用于记载社会生活与宗教习俗。

出于便捷考虑，图画作为记载工具，其笔画结构逐渐简化，从原来的图形转向符号。例如，河南舞阳贾湖地区出土的八千年前的龟甲上契刻有各种符号，仰韶文化早期的西安半坡遗址和临潼姜寨遗址出土的六千年前的土陶器表面刻画有几何形符号，这些象形符号都是我国原始文字的先驱。

图画及符号所包含的信息较少，仅仅适用于实物记事，难以成为记录知识与信息的理想手段。相比之下，文字可以相对准确地表达事物及其相互之间的联系，引导人们和接收理解信息，是典籍的重要构成因素之一。

起初，文字被记录在各种材料上，主要是对一字一事的记录，这种记录仅仅能被称为文献而非真正的知识体系。只有单篇文献成批汇集，共同构成具有逻辑的档案时，其才是真正的典籍，起到典籍的作用。

典籍是人类社会发展到一定程度之后所产生的阶段性的产物。只有人对自然与社会有了相对客观的认知，有目的地总结各种经验，将其记录下来并汇集成为一定的知识体系后，才可称之为典籍。

典籍的形式与内容相互联系，典籍是人类对自然与社会的认知的深化与进一步理解。文字记录从独立单位的载体材料到有系统的内容，并逐渐串联成编连成册的典籍。

（三）中国早期典籍的产生

前文已述，典籍的重要特点之一是编连成册。从考古挖掘中发现，早在商代后期，我国的早期典籍就已经产生了。西周初年周王朝中的周公在对殷民的训话中提及西周灭殷是天命所定，强调了殷灭夏的事迹是有典册记录的。由此可以推断，商朝已有典籍记录。同时，根据目前出土的甲骨文编连成册的现象推测，早期的典籍出现于公元前1600年至公元前1250年之间。

西周仍然沿用甲骨文记录卜辞。同时，由于青铜器的发展，在这一时期，青铜器的铭文也较为常见，通常为记载祭祀、法律、赏赐、征伐等内容。西周的青铜器铭文采用大篆字体，字形逐渐规整，文字的表达功能有了长足的进展。

春秋后期，创立私学的孔子为编写教材"删诗书，定礼乐，修春秋，序易传"，对当时已有的文化典籍进行搜集和整理。以六经中的《诗》为例，《诗》中的《周颂》《大雅》《小雅》主要反映了西周时期社会生活的现状。春秋前后正式的典籍逐渐增多。

二、典籍包含的内容

中国典籍包含的内容首先是覆盖"文、史、哲"三科，兼顾儒、释、道、三教，坚持开放与全球视野，尝试打通与贯穿之思路；其次是构建以汉族文献为主，兼顾其他民族文献的多元文化格局。

中国典籍以统一的文明史理念，确定典籍选材的上下限、重点以及思路贯穿的途径。除此之外，中国的兵家典籍、科技典籍、文字音韵训诂方面的典籍等也应该被纳入中国典籍之列，因为这些典籍对推动中华文明的发展都起到过重要的作用。

中国典籍中的"文史哲"和"儒释道"类型的典籍着眼于知识、宗教等价值体系，分类依据是按西方的学科分类方法，并非中国的图书分类方法。中国书籍主要可以分为"经史子集"四大类，如《四库全书》等都是按此分类。"经史子集"中的经部主要收录儒家"十三经"及相关著作；史部收录史书、传记以及地理类、政书类、目录类等书籍；子部收录诸子百家著作和类书，包括的内容比较广泛，儒释道三教即属此类；集部主要收录文学作品。依"经史子集"分类，可以涵盖中国历史上出现的所有文献著作。

中国的不少典籍是"文史哲"不分，如《史记》既是史学作品，也是文学作品，即所谓"史家之绝唱，无韵之《离骚》"。中国文学自诞生之日起一直处于一个相当重要的位置。从《诗经》出现之日起，经楚辞、汉赋、唐诗宋词、元曲杂剧、明清小说，直至当代，中国文学一直绵延两千多年，未曾间断，这即便是在世界文学史大背景下，也是极为少有的现象。中国文学拥有悠久的历史传统，而且极具文学魅力。

中国是一个非常注重历史传统的国家，产生了不少史学著作，有着悠久的史学历史。纵观中国历代王朝，每朝帝王君主都会从过往的朝代更替中借鉴发展经验，古今对比，吸取过往王朝的经验教训，以史为鉴。

中国典籍不仅仅记载中国的历史，也将思想文化流派精粹记载下来。春秋时期，百家争鸣，众多思想流派各具特色。即便是汉武帝独尊儒术之后，儒家成为正统思想,但是其他流派的思想仍然闪耀着光芒。以儒家为代表的思想流派影响着我们日常生活的方方面面。儒家思想的精髓是"仁"。儒家提出"己所不欲,勿施于人"的处世哲学。关于学习,儒家提出"学而不思则罔,思而不学则殆"的"学"与"思"的思想,以及"有教无类"的教育思想。儒家思想中的与人交往的诚信思想、"里仁为美"的美学思想和传统的孝道思想等时至今日仍其有强大的生命力,是儒家思想的核心价值。

三、典籍的本质

典籍的本质可以从精神属性和物质属性两个角度分析。

典籍的物质属性起源于用于记录知识和文化相关的内容的物质载体。典籍是通过文字记录,将系统的知识储存、固化在物质载体上,通过编连成册打造的。中国典籍始终伴随着中国古代生产力的不断发展,其载体不断改进,从起初的甲骨到竹木锦帛,而纸张的发明促进了典籍的进一步发展。典籍的载体迭代引发典籍装帧方式的演变与发展,早期装帧主要以卷轴为主,逐渐发展成经折装、旋风装、线装……一步步相递演进。除此之外,典籍作为一种物质产品,从生产到保存受到社会生产力与社会环境的制约。社会的动荡不安会影响典籍的保存与流传,社会环境成为典籍生产与保存的完整性的重要影响因素。

典籍的精神属性主要源于典籍是记录知识与思想的载体,是人脑思想与意志的外化。因此,典籍是一种精神产品,涉及精神属性的内容。典籍伴随着人类对于自然与对于人本身认识不断深化、发展和演变,典籍中所记载的内容往往是从简单到复杂,从低级走向高级,具有一定的科学性与专业性。典籍中包含知识的更新换代、社会的不断前进与发展。

中国古代典籍从诸子百家著作到史学典籍再到经学著作,涉及社会的各个领域。典籍伴随着农、工、商、医、兵等领域的发展而发展。总之,一旦人类开启某个领域的实践,并认识这个领域,便会产生、发展相应的典籍。

当然,典籍并非完全纪实性的文本,因此,典籍具有相对独立性,与现实生活相比,往往具有相对超前性或者相对滞后性。相对超前性,是指我们翻阅典籍时往往会发现典籍中具有的当时生产力并不能实现的一些预测或者幻想,但是随着时代的变迁以及科技与生产力的发展,有些记载在典籍中的描述逐渐被印证。相对滞后性,是指人类对于一些自然现象或者人为行为仍表现出错误的认知,或者错误的表述,即便这些认识表述是错误的,但是仍然随着典籍被保留下来了。

因此，典籍具有物质与精神双重属性，是物质与思想认识统一的载体，人类将精神与思想文化附着于典籍之上。典籍是人类思想与文化的结晶，对人类进步与发展起到了积极的作用。

典籍的物质属性可以客观地将知识与认识记录下来，留下客观的可考证的证据资料，将人类的思想意识凝固于物质载体之上，长期保留。典籍可以通过其他人再次抄写或者印刷不断再现已有的文明发展的思维成就，具有保存、交流、传播的作用，是人与人之间传递思想感情，获取相关的知识，认识历史文化，推动社会不断向前发展的最佳借鉴。因此，典籍起到了推动人类文明前进与发展的作用。

第二节　中国典籍作品翻译意义探寻

中国典籍作品翻译可以追溯到16世纪末期，西方的来华传教士翻译中国典籍，至今已经有四百余年的历史。中国文化典籍翻译对外国认识中国起到了重要的作用，促进了中西方的相互认识与交流。时至今日，中国文化想要走出国门发出中国最强音，也需要借鉴相关的历史经验。

中国典籍翻译本身属于外国翻译史的一部分，包含顺译和逆译。无论是中国的翻译家还是外国的翻译家都可以对中国典籍进行进一步地研究与探索。

中国典籍作品是中华五千年文明的集合与成就，是当前中华文化的一个重要组成部分。中华民族五千年来的优秀文化成果深深影响着世世代代华夏子孙，起着育化众生的作用。中国典籍不仅具有社会意义和历史意义，而且具有文化建构意义。具有数千年历史的中华文化不仅属于中国，也属于世界。当前，中国文化软实力不断提升，中华文化大繁荣、大发展。积极传播中华文化，让世界全面了解中国，以增进不同文化间的理解与交流，是我们每一个中国人的社会责任和历史使命。在这个背景下，进行中国典籍作品翻译研究具有重要的现实意义。

中国文化要走出去，翻译是必要的渠道，正如国学大师季羡林先生在《中国翻译词典》序言中指出的：翻译是"中华文明永葆青春的万应灵药"。把中华民族富有传统特色的文化精髓译成英语，是让世界了解中国并让中国文化走向世界的有效途径。中国要取得长远发展，要在世界文化之林取得一席之地，就必须大力弘扬中国传统文化，让世界真正了解中国。因此，中国典籍作品英译有着十分重要的现实意义。

一、中国话语的建构与文化自信

2016年7月1日，习近平总书记在庆祝中国共产党成立95周年大会上的重要讲话中第一次向全党明确提出了坚定"四个自信"的整体战略要求，这也是党中央首次将"文化自信"同"理论自信""道路自信"和"制度自信"相融合，作为整体战略提出。文化自信是理论自信、道路自信和制度自信的前提条件和思想文化准备。在发展与挑战并有的关键机遇期，面对纷繁复杂的国际发展局势，中国能否在国际话语体系中发出属于自己的声音，能否底气十足，声音洪亮，取决于中国的文化自信是否提供了深沉而持久的力量支持。因此，文化自信与国际话语的建构相结合尤为重要。

首先文化自信并非一个孤立的概念，是文化自觉—文化自信—话语建构这条完整的逻辑链条中的关键一环，也是承上启下的关键因素。这条逻辑链条起源于文化的自我觉醒，所谓"各美其美，美人之美，美美与共，天下大同"这句费孝通先生的名言便很好地解释了文化自觉的重要地位。一旦普通民众产生了文化自觉，对于中华文化的内在产生合理化的认同，便会催生出文化自信。文化自信是对本国文化脉络的把握，也是一个国家话语建构的必要前提和基础。话语建构作为该逻辑链条中的最后一环，是国家软实力的有效体现。中国要想讲出富有本国历史与面貌的国家话语，就必须充分实现文化自觉，在文化自信的前提下，将一整套符合中国价值、传递中国精神的话语体系传递出去，占领国际舆论的高地，从而树立中国的良好的大国形象。

新时代的中国是一个"百国之和"的形象，可以说，中国新时代的最大特征就是具有海纳百川的包容性。中国文化的丰富性举世罕见，不同文化之间具有较强的包容性，在中国，"和而不同"的文化框架中相辅相成，受到普遍的认可。

同时，中国自古代以来就开启了国家话语的建构之路：汉朝张骞出使西域，率先开辟了"丝绸之路"，明朝郑和七下西洋宣扬中国文化，等等，客观上形成了"天下观""和平观"等具有中国特色的官方话语。必须明确的是，官方话语的背后都有相应的文化为其提供背景支撑。

建构国家话语最根本的创造力源于整个民族，而文化自信则是激发全民族创造热情的首要动力。这就需要充分挖掘中国传统文化的优秀内容，培育人民对优秀传统文化的认同感。只有中国人民对本民族文化保持信仰，才能将中国优秀典籍和文化产品对外输出，向外传播中华文化，在建构话语中输出价值，在输出价值中增强话语。

二、中国典籍作品翻译研究的必要性

在当前经济及文化全球化背景下，中国优秀典籍传播的相对滞后与我国综合国力、国际地位不相符。如何将中华文化更好地传播出去是当前典籍英译研究的重中之重。中国典籍博大精深，汇聚了中华民族数千年的文化精髓，是全人类共同的精神财富。

典籍英译是让世界了解中国，让中国参与全球文化交流的有效途径，同时对提升我国的文化魅力乃至文化软实力大有裨益。中华民族是一个海纳百川、好学上进的民族，在漫长的"西学东渐"过程中，我们翻译并学习了大量的西方政治、经济、文化、科技等方面的文化。我们已成功地"拿来"西方的文化，现在的关键是把我们自己的文化"送"出去，积极参与到世界文化交流中，让世界人民更多地了解中华文化，以保持中华民族固有的文化身份。

典籍英译使中国古典作品复活，并能使其精髓远渡重洋，增强中华儿女的民族自豪感，同时能更好地促进学生学习英语。近些年来，尽管我国的典籍英译事业已经取得了一定的成绩，但能够胜任诸如典籍翻译这类高精工作的高素质人才并不够多。著名翻译家汪榕培先生指出：翻译是一项高投入、低产出的事业。所以，愿意致力于典籍翻译的作者很少，外国对中国文化的了解还很有限，而作为英语学习者，我们有义务使我国的传统文化为世人所了解。

三、国内外对中国典籍作品英译的研究现状

中国典籍作品是记录文化传承、学术研究和社会发展的重要文献。从上古三坟五典到儒家四书五经，从诸子百家学说到历代诗书文论，中国典籍作品承上启下，推动着中华文明从远古走向现实，从现实走向未来。

20世纪以前，中国典籍作品的对外传播，主要是通过外国来华的传教士进行，而像辜鸿铭、林语堂等做过中国典籍英译的国人则不多。

近年来，典籍英译作为翻译学的分支，受到学界越来越多的关注。进入21

世纪，中西文化交流日益加深，更多的中国典籍将被译介到英语世界。目前，国内外有不少学者在从事中国典籍的英语翻译研究。全国典籍英译学术研讨会迄今已经召开了五届，出版了三辑《典籍英译研究》论集。以汪榕培教授为代表的一批典籍翻译专家和学者，在中国典籍英译的理论研究和实践探索方面做了许多扎实细致的工作，有力地推动了这一领域的学术发展和人才培养。国家新闻出版署为了促进中国文化的对外交流和发展，于20世纪末组织海内外学者、译家开始了《大中华文库》的翻译工作，为有志于从事典籍翻译和研究的学者们搭建了一个切磋、交流和提高的平台。目前已经出版了近百种中国文化典籍，而且典籍英译已成系列化趋势，如《大中华文库》《熊猫丛书》《儒家经典译丛》《中国圣人文化丛书》《中国传统蒙学经典》《古诗苑汉英译丛》《王维诗百首》等，不一而足。其中，最引人注目的当属《大中华文库》（汉英对照）系列丛书，如《老子》《红楼梦》《墨子》《楚辞》《牡丹亭》《汉魏六朝诗三百首》《陶渊明集》《邯郸记》等。

在提倡"文化多元化"的21世纪，中国典籍英译研究出现了迅猛发展的势头，仅2006年至2010年发表在全国五家重要的翻译及外语类期刊的典籍英译学术论文就多达30篇，极大地推动了中国典籍的英译及其理论研究。

四、中国典籍作品英译的理论依据和意义

根据《欧洲共同语言参照框架：学习、教学、评估》，语言教学的目的之一是获得对其他国家的生活方式、思维形式、文化遗产的更为广泛和深刻的理解。大量事实证明，光有语言应用能力并不能保证有效交际。中国人现在走向世界，到国外经商、搞项目，遇到的一大障碍就是文化差异。由于文化上的隔阂，中国企业难以融入当地社会。学校应该帮助学生了解西方文明以及西方人的思维方式、生活习惯，以批判性眼光看待西方文化及其核心价值，熟悉中外文化差异，培养跨文化交际能力。同样，能够有效地表达和介绍中国的传统文化给国际友人，也是最为恰当的沟通方式。文化是使一个民族有别于另一个民族的"DNA"，忽略文化，就无法达到"用英语有效地进行交际"的目的。这提醒我们的英语教学要有文化自觉，从文化建设的战略高度来加强而不是削弱课程的人文性。英语教学内容应更注重思想性，视野更开阔，让学生树立世界眼光，学会用英语宣传、解释中国。因此，在全球一体化的今天，跨文化语境下的中国典籍文化英译研究显得尤为重要。

五、典籍作品英译是自身发展的需要

本雅明曾经指出：虽然翻译作品与原作存在于不同的空间，然而，翻译作品却源于原作，是原作生命的延续。任何一部优秀的文化典籍都是某一个时代的特定产物，要将其文化精髓代代相传并发扬光大，就需要学者和译者不断丰富它的翻译。总而言之，典籍英译不仅能够使我国的古典作品重新焕发光彩，而且能向世界传播我国传统的民族文化。以《红楼梦》一书的英译为例，《红楼梦》作为中国文学史上璀璨的明珠之一，其叙述包罗万象，不管是对社会的描述、对人际关系的探索，还是对医药养生知识的介绍，以及诗词歌赋的吟诵，都反映出中国文化的民族特色，其高质量的英译本无疑是世界其他民族了解中国传统文化的一个重要窗口。《红楼梦》有多个英译本，其中公认最好的为英国学者 Davis Hawks 翻译的名为 *A Story of Stone* 和由杨宪益、戴乃迭夫妇所译的名为 *A Dream Of Red Mansions* 的译文，两个译本各有所长，都可圈可点，但中国本土学者，除去笔译功力深厚之外，还有外籍译者所不具备的得天独厚的优势，那就是对博大精深的中华文化的了解，从而在文化传播上更具中国特色、更精准。下面是《好了歌》的两个译本：

世人都晓神仙好，唯有功名忘不了！
古今将相在何方？荒冢一堆草没了！
世人都晓神仙好，只有金银忘不了！
终朝只恨聚无多，及到多时眼闭了。
世人都晓神仙好，只有娇妻忘不了！
君生日日说恩情，君死又随人去了。
世人都晓神仙好，只有儿孙忘不了！
痴心父母古来多，孝顺儿孙谁见了？

译文一

Won-Done Song

by David Hawks

Men all know that salvation should be won.

But with ambition won't have done, have done.

Where are the famous ones of days gone by?
In grassy graves they lie now, every one.
Men all know that salvation should be won.
But with their riches won't have done, have done.
Each day they grumble they've not made enough.
When they've enough, it's goodnight every one!
Men all know that salvation should be won.
But with their loving wives won't have done.
The dalings every day protest their love:
But once you're dead, they're off with another one.
Men all know that salvation should be won.
But with their children won't have done, have done.
Yet though of parents fond there is no lack.
Of grateful children saw I ne'er a one.

译文二
All Good Things Must End
by 杨宪益、戴乃迭
All men long to be immortals,
Yet to riches and rank each aspires ;
The great ones of old, where are they now?
Their graves are a mass of briars.
All men long to be immortals,
Yet silver and gold they prize.
And grub for money all their lives,
Till death seals up their eyes.
All men long to be immortals
Yet dote on the wives they've wed,
Who swear to love their husband evermore,
But remarry as soon as he's dead.
All men long to be immortals,

Yet with getting sons won't have done.
Although fond parents are legion,
Who ever saw a really filial son?

相比而言，霍克斯对这首诗歌的翻译较好地再现了原诗歌作为歌谣的特点，押韵，上口，基本上做到了意美、音美和形美。而杨宪益、戴乃迭夫妇所译则力求内容的忠实，完美地再现了原诗歌的意境，重在意美，更能原汁原味地传递诗歌的含义。

因此，许多学者认为中国译者理应是中国典籍英译的主体。当然，优秀的典籍译本还需要恰当的媒介推广，才能为世界人民所了解。为此，中国要认真思考，结合世界对中国文化的需求和中国提升自身文化软实力的需求，大力拓展对外传播渠道，发挥人力优势，借助媒体，把我们"和合"的核心价值体系传播到世界各地，使之成为国际社会普遍认同的文化理念。

第三节　中国典籍作品翻译溯源

中国进入文明时代之后，高度发展的社会文化与先进的社会技艺以及日益壮大发展的商业规模都在历史的长河中闪耀着光芒，因此，西方开启了向东方学习的先河。

一、典籍翻译的浪潮

（一）新航路促进中西方的接触

早在西汉时期，中国的"丝绸之路"将中国的茶叶、丝绸、瓷器、铁器等商品带到了中亚与欧洲，中亚与欧洲的当地农作物、金银饰品、牲畜也被运往中国。

丝绸之路开辟的是一条贸易之路，这条贸易之路对于促进中西方文化交流起到了重要的作用。中西方文化在丝绸之路上第一次做到了双向的交流与联系，但是由于丝绸之路较为漫长，战乱等因素会阻碍中西方之间的交往，因此寻求一条其他的路线便成为当务之急。

中国与印度的文明与财富引发了西方各国对东方的想象，特别是《马可·波罗游记》的出版引发了西方人对遥远东方大陆的探索欲望。中国郑和七下西洋，最远曾到达遥远的非洲，这引起西方对中国的更深层次的探索欲望。中国的丝绸、印度的宝石和香料都成为欧洲上流社会的必需品，加之奥斯曼帝国截断了通往中亚的陆路，欧洲开始尝试探索通往中国的海路。

为了实现西方与中国、印度的贸易，航海大国葡萄牙与西班牙尝试绕过意大利与土耳其，直接开辟一条通往中国与印度的海上航线。

1498 年，葡萄牙航海家达·伽马（Vasco da Gama）绕过非洲好望角到达印度，改变丝绸之路是东方与西方沟通的唯一途径的情况。不仅达·伽马找到了一条通往东方的海路，同时期，其他欧洲航海家也致力于通过海路探求未知的世界：意大利航海家哥伦布（Christopher Columbus）自 1492 年至 1504 年四次远航，发现了美洲新大陆；葡萄牙航海家麦哲伦（Fernando de Magallanes）自 1519 年至 1522 年进行了环球航行。新航路的发现在地理意义上标志着全球一体化的形成，为欧洲的海外扩张找到了便捷之路。

新航路带来的东西方的频繁交流与接触，引发东西方贸易量大幅上升，由于运输的速度与运输量相较于过去有了很大的提升，西班牙、葡萄牙累积了大量财富。新航路使得中西方逐渐联系成一个整体，重新定义世界的中心，引发整个世界翻天覆地的变化。

（二）明末清初中西方文化交流的思想基础

明末清初是中国社会的一个转型阶段，转型主要包括程朱理学观念的变更、商业的高度发展、相关有识之士对科技文明思想的倡导。以上三个方面与西方部分国家倡导的思想不谋而合，形成了中西方学术对话与文化交流的思想基础。

中国传统社会向来重农抑商，将商业置于一个较低的地位，所谓"士农工商"，商业处于最底端。但是在明朝这一状况有了较大的转变，东方和西方的贸易交流与文化交流逐渐顺畅。

中国传统的重农抑商治国方针与儒家思想是相互契合、相互联结的。汉朝确立了儒家思想，董仲舒倡导"罢黜百家，独尊儒术"，儒家思想处于一种独尊地位。儒家思想处于不断变化发展的过程，宋朝出现程朱理学，明朝王阳明等人在程朱理学基础上进一步提出心学。心即理，理即心，心外无物。当客观标准逐渐确定后，人的个性得到张扬，这与欧洲同一时期倡导的人性解放、倡导自我的理念相一致。明末清初三大思想家黄宗羲、顾炎武、王夫之向原有的儒家思想的霸主地位提出了挑战，他们的许多思想观念与西方盛行的人本主义观点不谋而合。例如，他们都认可提高商人的地位，注重实用主义。

明末清初的科技文明思想同样受到了轻理论、重实践的实用主义的影响，如徐光启意识到了科学技术的作用，主张提升科学技术水平有利于提升人民的生活水平。徐光启的思想实质上仍然受到了儒家思想的影响，反映出儒家的为民报国思想，但其选取的报国路线与之前的思想家们有所差异。徐光启与利玛窦合译《几何原本》，开启了中国数学与中国科技的前进与发展之路，推动了中国科技文明的不断开拓。

中国在明末清初之所以突破了原有的中西方的交流束缚，是因为打破了原有的中西方之间存在的交际壁垒。客观上，西方开辟出通往东方的航海通路，有了双方交流的客观准备，东西方之间的接触日益增多。主观上，西方的文艺复兴和启蒙运动与中国多种思想的迭起相碰撞，为西方与东方的交流做好了一定的思想准备。

二、拉丁语、法语到英语转译

中国的儒家文化以中国为文化中心，影响波及东亚、东南亚各个国家，构成以汉字为主要使用语言的儒家文化圈。来到中国的外国人学习汉语，并将中国的文化典籍翻译为拉丁语等语言，传递回本国。

（一）早期中国文化典籍翻译

中国文化典籍早期翻译为拉丁语和法语，这一时期外国人翻译中国典籍主要有以下五大原因，如图1-1所示。

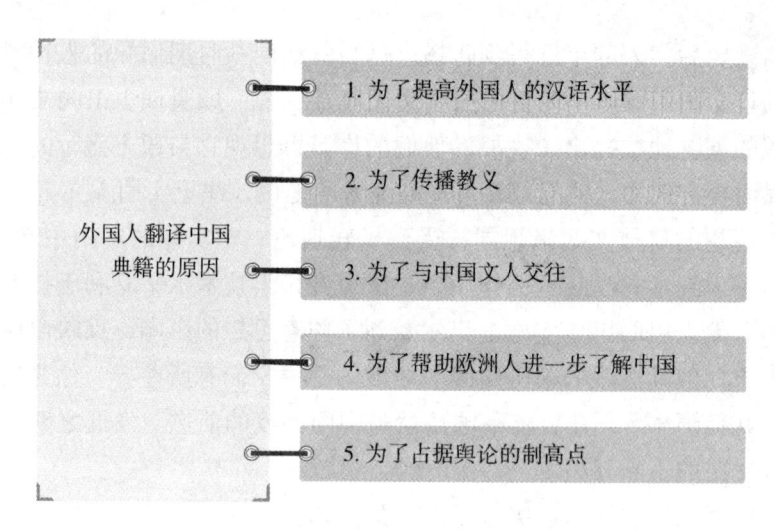

```
                    ┌─── 1. 为了提高外国人的汉语水平
                    │
                    ├─── 2. 为了传播教义
   外国人翻译中国      │
   典籍的原因    ─────┼─── 3. 为了与中国文人交往
                    │
                    ├─── 4. 为了帮助欧洲人进一步了解中国
                    │
                    └─── 5. 为了占据舆论的制高点
```

图 1-1　外国人翻译中国典籍五大原因

1. 为了提高外国人的汉语水平

通过学习中国的典籍可以加快外国人学习汉语的速度。语言学习不能孤立地学习字词或者孤立地学习语法知识，必须置于一定的语言环境或篇章之中，这样就可以加速提升外国人的汉语水平。

2. 为了真切地把握中国人的思想，特别是儒家思想，以便有的放矢地传播教义

在当时来到中国的外国人中，有一批传教士旨在传播教义。他们需要先与中国人结交，建立友好的关系，而提高了解中国的文化就成为沟通交流的前提。

3. 为了积累与中国文人交往的资本

外国人希望学习或者了解中国的文化，与中国的文人结识交往，但往往并非提供物质条件就可以获得中国人的认可。中国文人更愿意结交对儒家思想有一定了解的人士，因此，外国人往往通过翻译中国文化典籍来学习文化典籍背后隐藏的文化内涵。

4. 为了帮助欧洲人进一步了解中国

典籍是一个国家的思想与文化的结晶。欧洲与中国物理距离遥远，因此对于大部分欧洲人而言，中国是遥远而神秘的，而通过一部分人的翻译，更多的欧洲人可以通过阅读典籍了解遥远的东方古国。

5. 为了证明自己在礼仪之争中的立场和观点的无懈可击

为了更好地占据舆论的制高点，西方人先对中国的发展现状做了深入的了

解，有部分外国人甚至对儒家的经典倒背如流，日常交谈时儒家的典故信手拈来。

当时外国人翻译中国文化典籍，主要分成两个阶段。前一阶段主要是翻译汉语的一些非广为流传的典籍，翻译也大多以手稿的形式留存，并非正式的出版物。从严格意义上讲，该阶段甚至不能称为翻译，更像是一种翻译练习。直到后一阶段，翻译才逐渐步入正轨；一方面，翻译的缘由更加明确、翻译的目的更加清楚；另一方面，翻译逐渐摆脱起初的手稿模式。在此阶段外国人往往将中国的文化典籍翻译为拉丁语或者法语。

1592年，中国的《明心宝鉴》被翻译为西班牙语，拉开了中国典籍被翻译为其他语言的序幕。1687年在法国巴黎出版的《中国哲学家孔子》是这一时期最具影响力的翻译本，起到了承上启下的作用。这本书的翻译工作者都是在中国生活多年的外国传教士，他们对中国文化较为熟悉，因此该书的翻译相较于同时期的译作，更有质量保证。

（二）中国文化典籍被翻译为英语

中国与欧洲大陆的交往开启时间较早，但是中国与欧洲的英国交往的时间则相对较晚，这与英国是一个岛国密不可分。1238年，英国国王第一次听说在遥远的东方存在一个国家叫作中国，中国蒙古大军横扫欧洲北部，震惊整个欧洲。自此，英国开始不断尝试了解中国、认识中国。

1687年，在法国巴黎出版的拉丁文版本的《中国哲学家孔子》被转译为英语，《大学》原文中的"大学之道，在明明德，在亲民，在止于善"被转译为英文之后为"The great secret, says confucius, to acquire true knowledge,the knowledge, consequently, worthy of princess, and the most illustrious personages, is to cultivate and polish the reason, which is a present that we have received from heaven. Our concupiscence has disordered it and intermixed several impurities, therewith. Take away therefore, and remove from it these Impurities, to the end that it may ressume its former lustre, and enjoy its utmost perfection. This, here is the sovereign good. This is not sufficient. It is moreover requisite, that a prince by his exhortations, and by his own example, make of his people, as it were, a new people. In fine, after being, by great pains, arrived at this sovereign perfection, at this chief good,you must not relax；It is here that perseverance is absolutely necessary. Whereas men generally pursue not the methods that lead to the possession of the sovereign good, and to a constant and eternal possession, confucius has thought it highly important to give some instructions therein."

英文转译版本相较于拉丁文译版，在原有的基础上增加了许多内容，是在西方的知识体系基础上进一步阐释中国的思想。当不同的思想文化相碰撞的时候，往往会产生差异反应，译者必须考虑读者的感受，考虑读者的接受度，使两种文化逐渐达成相通与相互理解；同时以本国的思想为出发点，阐发相似点，诠释异质思想。在这个英文版本翻译的过程中，译者在儒家思想的基础上加入西方思想，丰富儒家思想，实现中西方思想的有效融合。

除了这部作品，诸如《今古奇观》《好逑传》等作品在这一时期也都受到了大家的欢迎，这些作品一方面体现了儒家思想，另一方面满足了英国人对东方古国的好奇与关心。

当时的转译文本基本上分为三种：一是介绍中国的书籍，二是有关中国儒家思想的书籍，三是有关中国的文学作品。通过这些转译文本，英国学者展开了对中国的学术研究。比如，约翰·韦伯（John Webb）对中国文字进行了研究，认为中国的象形文字是巴别塔之前的文字，具有"初始语言的六个标准：古老、简单、通用、质朴、持久、简洁"。韦伯的研究代表了当时的研究水平。英国学者对于中国儒家思想基本上持褒扬态度，比如，威廉·坦普尔爵士（Sir William Temple）对孔子赞扬有加。然而，虽然托马斯·珀西（Thomas Percy）编译了《好逑传》，但对中国文学持否定态度，评价也不高，还认为中国政府并不开明。这种态度体现了18世纪后期西方学术界对中国的看法：由褒到贬，由赞扬转变为批评。

转译文本为英国打开了一扇认识中国的大门，英国学者热情赞誉中国的文明和中国的思想。中国的园林和器物对英国人也有很强的吸引力，因为英国把中国作为一个"他者"，意识到了中国文明的先进之处，借以利用或进行学术研究。

三、《赵氏孤儿》的翻译及影响

（一）《赵氏孤儿》的翻译版本

《赵氏孤儿》作为一部在中国流传较广的元杂剧，在18世纪的"欧洲中国热"中扮演了较为重要的角色。18世纪的欧洲正处于一个思想相对开放、信仰较为自由、社会动荡不安的年代，这一时期的众多思想家如伏尔泰、孟德斯鸠、卢梭等解放了人们的思想，推动了社会的发展。其中，伏尔泰作为推动法国大革命的文学斗士，将笔杆作为武器，将元杂剧《赵氏孤儿》编译为《中国孤儿》，其一经上映就受到了观众的热评与热议。

《赵氏孤儿》是纪君祥创作的一部元杂剧，以历史复仇为核心，体现了中国人民的"忠义"之情，整部剧作充斥着甘愿赴死的英雄大义气节。伏尔泰关注剧本背后的政治因素，如即便剧本之中蕴含着忠义气节，其是否体现出了复兴赵宋王朝的隐含之意呢？伏尔泰对《赵氏孤儿》的期待值不限于一部文学作品的翻译，而是力图挖掘文学作品背后可以实现自己理想的文学依据。

《赵氏孤儿》广为流传的英译版本一共有三个，分别是瓦茨版本、凯夫版本和珀西版本，这三个版本都转译自马若瑟的法译版本。马若瑟是一名来华传教的传教士，他选择《赵氏孤儿》作为翻译的作品主要有以下两个原因：首先，《赵氏孤儿》中蕴含中国的忠义与道义，带有一定的英雄主义色彩，这与法国经常歌颂英雄的歌剧题材不谋而合；其次，《赵氏孤儿》与法国古典主义戏剧具有一定的契合之处，较容易引发法国民众的认同感，从而更好地传播该译本。因此，马若瑟一方面试图将中国传统的儒家思想和忠义思想以一种浅显易懂的形式传播给法国民众，另一方面尊重法国民众的观剧习惯，引导民众认识《赵氏孤儿》的魅力和其中蕴藏的中国传统思想，以及中国人民的精神面貌与忠义道德。

在《赵氏孤儿》的三个转译版本中，瓦茨版本有抢译之嫌，总体水平不及凯夫版本。瓦茨版本和凯夫版本都是译《中华帝国全志》时译出，并非专门英译《赵氏孤儿》。珀西版本相较于前两个英译版本，译成时间较晚，也更加尊重原著，忠实原著大意。事实上，尊重原著是当时难以实现的一个翻译难题。珀西版本也并非是对《赵氏孤儿》这一作品的忠实翻译，而是针对马若瑟法译版本的《赵氏孤儿》的忠实翻译，然而马若瑟法译版本的《赵氏孤儿》相较原著而言已经有部分失真。在马若瑟法译版本中，涉及的曲子一律不译，只注明歌唱，但是《赵氏孤儿》作为一部元杂剧，曲子是其不可割舍的灵魂。伏尔泰翻译的《中国孤儿》也与原著相去甚远，这将在后文中详细介绍。

《赵氏孤儿》是一个元杂剧，因此经常被搬上舞台演出。用于演出的翻译版本一共有四个标点符号误连用中，哈切特（William Hatchett）和谋飞（Arthur

Murphy）的英语转译版和伏尔泰的转译版本应用最为广泛。

哈切特将原剧中的复仇情节转换为一幕政治剧，旨在反对当时的首相，揭露当时朝政的腐败不堪。虽然这个版本由于种种原因并未真正上演，但是哈切特将剧本作为政治工具，为伏尔泰的改编开辟了先河。

谋飞本身就是一名演员、剧作家，对于《赵氏孤儿》有他萌生了将其加以改善的念头，以使之更具吸引力，更适宜在大荧幕上演。谋飞由于其演员身份对《赵氏孤儿》这部剧有更深的理解：在其中一场主人公劝诫对方的剧情中，谋飞连续应用了三个"never"和三个"will not"，甚至还应用了两个感叹号突出此时人物的心情。孤儿要对过去的生活进行了断，这些词语与标点符号都突出了决绝之意，调动了观众的观感，让观众与演员产生共鸣。

伏尔泰翻译的《中国孤儿》是这一时期东方文学在中国传播所达到的顶峰，下文将专门介绍伏尔泰翻译的《中国孤儿》。

（二）伏尔泰与《中国孤儿》

法国启蒙思想家伏尔泰是西方著名的译者，他翻译《赵氏孤儿》留下的《中国孤儿》这一剧本，在舞台上上演之后，带来的影响力是前所未有的，达到了中国儒家思想在西方国家传播的顶峰。

1735 年，马若瑟翻译的《赵氏孤儿》已经出版，但是伏尔泰却在 1775 年才交出《中国孤儿》这一答卷，中间隔了 20 余年。伏尔泰时隔 20 年才翻译出《中国孤儿》，寻其缘由，必须从伏尔泰所处的时代背景着手。

18 世纪上半叶，法国国王路易十四盲目追求领土扩张，国内随之产生一系列的社会矛盾，路易十四为了转嫁危机，又发动了一系列战争。然而，伴随着对外战争的失败结局，社会的矛盾日益加深，整个法国处于民不聊生的境地。

在这一时代背景下，法国产生了启蒙主义思想，其旨在反封建、反专制、反教会，强调以理性主义为基础。思想家们主张社会改革，推翻封建统治，并发动了一场前所未有的思想启蒙运动。在这场运动中，伏尔泰是旗手式的人物，被誉为"法兰西思想之王"。雨果曾说："伏尔泰的名字所代表的不是一个人，而是整整一个时代。"雨果的评价彰显出伏尔泰在这个社会中起到的作用。

伏尔泰作为法国启蒙运动的领军人物，其观点分明，始终反对君主专制，批判教会。但事实上，伏尔泰并不反对宗教，甚至倡导自然神论。广为人知的是，他是提倡维护言论自由的战士，正如他的名言："我不同意你的观点，但誓死捍卫你说话的自由。"此外，伏尔泰还始终坚持人人生而平等，法律面前亦是人人平等。由此可知，伏尔泰是人本主义思想的开拓者。伏尔泰反对君主专制，倡导资产阶级民主思想，这一思想可以说引领了时代。1755年，法国国内的各种矛盾不可调和，伏尔泰的思想也达到了新的发展阶段，其文学作品也达到了思想顶峰。《中国孤儿》在这一时期应运而生，因其与时代大背景相匹配，该剧一经上映就受到了群众的热烈欢迎。

伏尔泰的《中国孤儿》与法文版相比，英文转译并未产生巨大变化，台词保持整齐有序的特点，语句押韵，多用排比，以增强气势，引发观众对思想态势的正确理解，将思想与情理相结合，起到强调作用。

伏尔泰编译的《中国孤儿》与原著《赵氏孤儿》相比有了较大的改动之处。中、法两国的国情差异较大，两国人民对戏剧的理解与阐释也有较大的分歧。因此，伏尔泰在编译过程中，必须将这些差异性作为一项重要的考虑因素。

伏尔泰熟练运用"三一律"，从而改变了原著《赵氏孤儿》的故事情节结构。伏尔泰通过给《中国孤儿》加了一个副标题——"孔子学说五幕剧"来突出对儒家思想的崇尚和赞美，赞美背后也暗藏对当时法国君主专制统治的讽刺。可以说伏尔泰为启蒙运动提供了思想武器。除了上文所述的《中国孤儿》背后隐藏的政治暗喻，对《中国孤儿》同样可以从文化调适角度进一步分析，其最明确的特点就是对中华文明的歌颂。

伏尔泰转译的《中国孤儿》，以中国的元朝为故事开展背景：来自蒙古草原的成吉思汗以武力征服了中国，其为了斩草除根派人持续搜寻宋朝遗孤。伏尔泰将成吉思汗作为故事主角，一方面是考虑到广大欧洲读者阅读理解的需求，因为成吉思汗在欧洲声名远播，欧洲的读者更好带入故事；另一方面，选用这样的故事，体现的是当时科技文明相对落后的蒙古人战胜了科技文明比较先进的宋朝人。这种胜利本身是具有一定戏剧性的，寻其根源，则是原始向文明发起的挑战。

原始与文明何为更佳？对于这一问题，著名思想学家卢梭认为，与老、庄思想相似，原始状态或自然状态是强于文明的，蒙古人打败了南宋中原人可以证明这一观点。而伏尔泰则持有反对观点，他认为中国中原文化与文明的力量是值得肯定的，即便成吉思汗铁蹄踏入中原，打败了南宋中原人，但华夏文化与华夏文明并没有因此遭到破坏，而是在民族交流的过程中在某些方面同化了蒙古人。伏尔泰证明文化和文明的力量是不可征服的，迟早会展示出其作用。

伏尔泰《中国孤儿》第 4 幕第 2 场中借由成吉思汗的喟叹：历代皇帝的权威是建立在大睿大智之上，就连邻国的君主也恭顺地称臣，充分体现伏尔泰崇尚的中国文明思想。

伏尔泰始终强调人类文明具有足够的力量，强调人具有理性。积极运用理性的思想启发法国民众抵抗法国的君主专制，为法国变革做思想舆论上的准备。就在《中国孤儿》在舞台上上演三十多年之后，法国大革命于 1789 年爆发了，革命者推翻了长久以来的封建君主统治，法国从此由封建社会迈向了资本主义社会。在这一重大的历史转折中，像伏尔泰这样的启蒙思想家发挥了重要的作用，伏尔泰编译的《中国孤儿》为法国大革命的爆发做出了重要贡献。

翻译是一门艺术，它不仅仅是不同语言之间的转换。在漫长的历史进程中，翻译作为不同的文化交流的媒介，为社会变革提供思想源泉，甚至可以间接促进整个人类社会文明的发展。在这一方面，《中国孤儿》就是一个范例。

第四节 翻译与传播的契合点

一、翻译与传播

（一）翻译

从传统角度来讲，翻译通常被视为一种技能，而不是一门专业的学科。这主要是因为翻译作为一种不同语言之间的社会交际手段，有着较为悠久的历史，但翻译往往与大规模的社会生产，特别是科学技术的发展无关。

在古代社会，"翻译"只是因果关系的"谋生之道"，其社会交际功能十分有限。人类社会进入 19 世纪下半叶以来，科学技术飞速发展，语言接触已经冲破了宗教和外交的狭窄领域，自然科学和社会科学也取得了很大进展。20 世纪 50 年代以后，随着世界科学技术的飞速发展，语言的社会交际功能得到了极大的发挥，语言学科得到了扩展和多层次的发展，进入多学科发展的新时代。语言学在理论深度、科学性、系统性和研究视角等方面都有所不同。在过去的 50 年里，索绪尔（Ferdinand de Saussure）对翻译研究领域产生了前所未有的深远影响。他在描述语言学关于语言结构分析的理论中，提出了功能语言学的观点以及生成语法的深层结构和表层结构转换理论。

时至今日,在人类社会不断更替和科学技术发展的过程中,尤其在语言学发展和演变的过程中,翻译在很大程度上反映了从"技巧"到"科学"的发展。长期以来,由于种种原因,翻译理论在国内外都没有得到应有的重视。"翻译"的定义并不明确,研究的范畴受到历史条件的限制。可以说,翻译虽然有着悠久的历史,但是关于翻译的著作相当有限,缺乏专业的翻译指导。由此可知,在方法论上,翻译并没有从根本上脱离经验主义的套路;从概念上讲,翻译界对翻译理论或多或少持可有可无的态度。从事翻译或教授翻译的人尚且不明确,在翻译过程中,是否有这样或那样的"翻译惯例"可以成为"理论"。在国内外翻译界,许多雄心勃勃的人试图研究翻译,创造不同的翻译理论模式。要建立翻译理论,首先需要提高对翻译理论功能的认识,从根本上转变观念,构建翻译理论体系。

21世纪,随着人类的进步,东西方文化从冲突走向融合,不同学科之间的交叉和渗透越来越明显。翻译作为一门独立的学科,诞生并蓬勃发展于这种现代学术氛围之中。同时,越来越多的人逐渐意识到,翻译作为一种人际交流中的客观存在,有着悠久的存在历史。近年来,国内外许多相关学者指出,研究翻译理论不仅要审视翻译的内在规律,还要规范翻译与其他学科的外部关系。换言之,翻译是一门边缘学科,研究者要想在研究中取得长足进步,就必须充分利用相关学科的成果。因此,翻译应该呈现一种开放的状态,相关学者也应该广泛运用多种学科的理论和方法,积极吸收其他学科的前沿研究成果,从不同角度对翻译实践进行多维度、交叉的、全面的探讨,揭示翻译活动的内在规律和外在联系。

翻译不仅是一种纯粹的语言转换活动,也可以说是一种创造性的艺术,甚至涉及各种文化因素的传承与交流。语言是文化的物质载体,艺术是文化的集中体现,翻译作为一种语言艺术,自然具有较为鲜明的文化色彩。

没有翻译,民族文化的发展和融合几乎是不可想象的。翻译作为一种文化现象,之所以能引起人们的广泛关注,正是因为其是一种发生在一定社会语境中的交际过程。翻译不仅是文化的对象,而且对文化有着积极的影响,因此翻译被视为具有明确目的的社会行为。在当今日益频繁的文化交流中,翻译活动在世界各国之间的理解和交流以及人类文明建设中发挥着不可或缺的作用。因此,对翻译理论进行全面、客观的探讨,不仅要关注翻译活动本身,还要关注其周边的大文化体系。

翻译对原文的理解和表达，不仅仅是将语言从原解码为目标语这样的简单问题，在更深层次上也受到文化因素的制约和影响。不同民族之间的文化差异允许人们对同一表达做出不同的心理反应。因此，在翻译过程中，译者能否准确地理解原文，翻译表达是否恰当，在很大程度上取决于其对原文语言文化的理解。

翻译的难、易、优、劣与其说与语言有关，不如说与文化有关。当我们从文化语境来审视翻译时，我们可以看到翻译活动在一定程度上是相对主观的，会受到时代和社会因素以及民族文化发展的制约。翻译的发展也与翻译目的、社会反应和文化需求密切相关，而分析翻译的文化层面，就是要在一个广阔的社会语境中，从历史的角度来思考翻译。

（二）翻译与传播学

首先必须明确，在人类文明的历史长河中，翻译一直是一种传播外国知识以及丰富与发展本国文化的重要渠道。一些专家学者指出，人类翻译经历了口语翻译、文字翻译以及文化翻译三个阶段。当前正处于文化翻译的阶段，在这个阶段翻译已经成为国家之间、民族之间全面的文化交流。考虑到这一点，需要在对20世纪中国乃至世界各国的翻译传统进行文化分析与批判的基础之上，明确翻译问题，探索翻译路径，使翻译与新文化的发展相适应。通过研究翻译史上的文化交流，进一步强化翻译的文化观，将为进一步探索传统翻译理论，拓宽翻译视野，加快翻译理论体系的构建和完善，使新兴的翻译研究成为一门专业的学科。

传播学是随着人类交流的加深而兴起和发展的，具有较为悠久的历史。希腊的亚里士多德和中国古代的韩非子开辟并应用了传播学中的修辞学。传播学在20世纪初由西方科学家首次提出，并且发展迅速。传播学作为一门现代社会科学，始于20世纪，其流派于20世纪四五十年代正式成立，其中，控制论模式也是传播学的重要组成部分之一。

知识和信息传播速度和数量的增长是20世纪社会加速发展的显著现象，其涵盖了人类活动的所有领域。控制论提出了一个问题：大众媒体带来的信息瀑布对信息传播主体有什么影响？由于传播活动本身总是与其他事物相关，如社会经济基础、文化符号系统、媒体的技术特征、信息的放大和传输等，传播学的学术使命是研究事物传播的流量和动态复杂性。控制论是一种方法论，使我们获得更多的信息自由，并有更强的责任感和参与意识。

与控制论同时出现的另一种思维方式是系统论。1933年，贝朗塔菲出版了他的代表作《系统理论》。系统论定义系统的边界并对系统进行模型化，从而确定其重要的构成因素，以及明确各个因素之间的反映类型，最终确定个体与整体之间的关系。

20世纪40年代，美国科学家开始探索经济—功能主义学派。这一学派在一些西欧国家和大多数第三世界国家具有较大的学术影响力，在讨论媒体、专业信息机构和专业记者群体的关系时具有强大的解释力。

在知识领域，结构主义是20世纪中期传播学的一个学术高峰。结构主义从语言学扩展到其他人文领域，如人类学、历史学、文学、翻译和精神分析，并成为一种传播方法。结构主义方法论对传播学的学术思想产生了以下深远影响：

（1）从文学作品的研究出发，分析叙事结构，特别是报纸和期刊的表达，以及广告信息的生产和研究。

（2）大力加强对从后期符号学中获得的视觉信息的分析。

（3）法国兴起的结构主义方法论留下的另外两个重要思想是阿尔都塞的意识形态理论和福柯的监控装置理论。

可以说，20世纪60年代末70年代初，控制论、经验—功能主义和结构主义迅速引起学术界和专业界的兴趣，在政治、文化上处于主导地位，形成了一定的学术自主权。

然而，在传播学基本学术模式形成之际，传播学面临着扩大学术范围的挑战。动荡的20世纪60年代对西方社会的学术思想复兴起到了关键作用，是传播学学术思想发展的转折点。

翻译研究的出现和交际研究的边缘化将翻译学和传播学这两个学科结合起来，促进了跨文化交际研究的出现。跨文化交流学是一门以翻译学为基础的传播学的一个分支，从20世纪以来已有许多文化人类学家进行过论述，但作为一门独立学科的跨文化交流学却是在20世纪70年代末形成的。跨文化交流学是应现代社会生活的迫切需要而诞生的，这使它一开始就带有明显的实用性。

二、近代英汉翻译理论及其传播学特征

语言是沟通与传播的主要手段。汉语作为中国文化传播的主要手段，不仅具有独特的魅力，而且是一种文化现象和文化载体，与汉民族的文化心理有着深刻而直接的联系。

翻译作为传播媒介的转换过程，始终体现着其文化传播的特点。翻译是传递民族信息的方式，翻译传播是一种双向传播方式，即传递一组信息符号的意图，通过转换实现双方的认同，这需要译者、读者和原文读者对相似的情境有相同或相似的理解和反应。翻译体现了翻译者文化原创性与理解流畅度的融合，其解读文化，以一种开放、坚守的精神，正确处理词义，确保翻译内容简洁紧凑。翻译者必须具备欣赏源语言的文化内涵的能力，平等处理目标语言和接受语言所传递的文化。

随着中西方文化交流的日益频繁，现代翻译也蓬勃发展。然而，作为一种理论指导，翻译理论是逐渐发展的，无论是期刊、图书还是各种作品，都反映了现代人对翻译的理解和主张。

认识翻译的重要性是早期翻译学者讨论的一个重要话题。因为当时宣传"西学"的主要内容，翻译引进"西学"的必要过程，所以各大学者也强调翻译的重要性，不断倡导翻译和引进"西学"书籍。作为近代第一批觉醒的知识分子，他们都十分重视西方书籍的译介。

倡导睁眼看世界的林则徐、魏源这两位实用主义思想家主张翻译西方书籍，目的是"师夷长技以制夷"。在广州虎门销烟期间，林则徐"日日使人刺探西事，翻译西书"，创建了专门的翻译机构，组织了《四洲志》《各国律例》《华书夷言》等书籍的翻译与编撰。魏源将上述三本书以及林译《澳门月报》扩展成了《海国图志》一书。《海国图志》是当时中国人学习和了解西方的一部重要著作，对明治维新也产生了重大影响。早期梁廷楠和徐继畬与林则徐、魏源有着相同的认识和思想，也从事译介西方书籍工作，他们对《海国四说》和《瀛环志略》进行编纂，在近代也产生了很大的影响。但是，严格来说，上述活动只属于实践的编译活动，真正从理论上阐明翻译重要性、提倡创建专门翻译机构和培养专门翻译人才的代表人物当属曾国藩和马建忠。

1867年，曾国藩时任两江总督，江南制造局翻译的西书给了曾国藩很大的触动。因此，曾国藩正式提议江南制造局创建一个专门的翻译馆，具有先机

意识地认识到了翻译的重要性。马建忠则是早期资产阶级维新派的代表人物之一。他在 1894 年《拟设翻译书院议》中明确阐述了翻译中的一些理论问题，并首先详细论证了翻译的重要性。

翻译是一项艰巨的任务，这是几乎所有译者的共同感受。众所周知，近代知名学者辜鸿铭，因在欧洲将中国古典文学译成英文而闻名。他翻译的《论语》《中庸》在欧洲时至今日仍然被认为是经典之作。辜鸿铭翻译《中庸》时用 20 年时间加以考证，但王国维仍可以举出例子来说明辜鸿铭翻译《中庸》的不足。由此可见，将一种语言的经典作品翻译成另一种语言的文字是非常困难的。

严复以翻译西方学术名著而闻名，周桂笙以翻译侦探小说而闻名，苏曼殊以翻译拜伦诗句而闻名。虽然他们翻译作品的体裁不同，但他们对翻译的难度有一个共同的认识：翻译是一项艰巨的工作，绝非易事。除了翻译实践外，近代中国的译者在翻译理论研究方面也取得了很大的成就。100 多年前，严复在《天演论·译例言》中提出了"信、达、雅"的翻译标准和"三难"理论，并且对"翻译三难"这一主题进行了解释与说明。它的理论力量在于对翻译的审美标准和价值的相对准确的概括，以及对翻译艺术特征的简要描述，时至今日，它仍然起着指导作用。

其他译者也为翻译理论研究做出了杰出贡献。林语堂指出，翻译是一门艺术，他以近一万字的翻译论述文字，成为中国翻译史上艺术流派的代表。郑振铎在其所编著的《译学的三个问题》一书中系统地阐述了他的翻译观，提出在"忠实"原著的前提下，在翻译中重新表达原文的风格和态度。

冰心从作者和文学的角度看待翻译，为读者提供了一种新的图书翻译视角。在分析前人提出的"信、达、雅""形神相通"等翻译标准和方法后，许崇信教授提出了"模仿与创造"的翻译观。张培基教授认为，许多英语水平很高的中国人都能把中国文学作品翻译成英语，翻译的结果也十分地道。他还认为语言是翻译的主要问题。如果一个人能很好地掌握中文和英文，并能很好地使用它们，可以达到事半功倍的效果。他强调，学习翻译要多进行翻译实践，而不是仅仅停留在"信、达、雅"这一理论上。

《余光中谈翻译》一书着重介绍了余光中教授几十年来在翻译教学、翻译实践和翻译研究中获得的独特见解。他在《作者、学者、译者》一文中曾经提出："翻译人员实际上是一个不写文章的学者，但一定精通各种作品，也就是说，翻译人员必须掌握很多知识，并且善于使用中文与英文。一方面，是他必须能够看到语言之间的微妙之处；另一方面，是他应该能够自由灵活地使用语言。"

从广义上讲，余光中认为创作本身也是一种"翻译"，因为作者想把自己的经验"翻译"成文字，这类似于"翻译"的心理过程在写作中要求作家必须用心捕捉虚幻的情感，运用稍纵即逝的灵感。这个过程是从"混沌到清晰，从无序到纯净"的过程。换言之，创造性的"翻译"可以说是从无到有，把空虚变成现实。然而，译者必须明确：即使天赋非凡，也不能恣意任性，因为译者在理解原文和表达译文之间仍然有很大的空间，在选择修辞和考虑句子顺序时，仍需反复斟酌。因此，翻译与创作在某种意义上是紧密相连的。因此，余光中认为翻译，尤其是文学翻译，是一门艺术，而不是一门科学。在当今世界，翻译作为一门学科，可以通过与其他领域的互动，更有效地发展与健全其理论。语言和文化之间的差异不能被视为交流的障碍。跨国汉语翻译研究一直是，也将永远是全球翻译研究的一部分。因此，我们需要加强汉语翻译的哲学基础，拓展其研究视野，改进其研究方法，以促进国际交流。长期以来，中国译者在翻译理论领域进行了不懈的努力，为中国翻译理论积累了丰富的经验和宝贵的资源，为中西方文化交流做出了不可磨灭的贡献。

三、严复英汉翻译代表性著作所传播的思想精神

中国近代文化曾经面临着前所未有的古今、中西方文化冲突，其社会主题是社会文化的进步和民族性格的转变。民力、民德、民智问题成为当时学术思想界关注的主要问题。与此同时，文化和文学领域开始了一系列变革与革命，其驱动资源是中西方文化和思想的冲突。

作为近代中国向西方寻求真理的先进中国人，严复因翻译和介绍大量关于当代西方思想和传播自由、民主、科学思想的学术著作而闻名。在改革实践中，虽然严复没有像康有为、梁启超、谭嗣同等人那样领导政治斗争，但是他是一名思想与文学的勇敢捍卫者，在思想和行动上都与改革运动息息相关。

如果说严复对封建旧文化的批判是为了扫清近代新文化形成和发展的障碍，主要起到了"破"的作用，那么他所接触到的科学和民主就是要建造一座神圣的现代新文化宫殿，并发挥"立"的作用。严复以其卓越的学术主张和积极的文化实践，丰富和发展了科学民主思想的内涵，将中国的科学民主从感性认知阶段提升到理性认识的高度，进一步明确了"科学与民主并举"的思想，

这为创造现代新文化奠定了基础。

虽然中国传统文化中不乏科学因素，但由于各种历史和社会因素的影响，传统文化中的科学因素一直未能健康发展，长期受到封建力量的压制。明末清初，西方科学开始传入中国。鸦片战争后，随着"西学东渐"，更多的现代科学涌入中国。然而，直到中日甲午战争，中国人对科学的认识还比较浅，称之为"格致学"，将科学等同于声、光、化学、电学的总和，处于较为浅显与狭隘的概念水平。

上海格致书院的学生王佐才表达了这样的观点：格致学这一门科学包罗万象，包含天文学、地理、机械、历法计算、医学、化学、采矿、重力、光、热、声、电和其他科学。王佐才的观点反映了中国科学家在19世纪80年代和90年代对科学的理解。然而，严复对科学的看法不同。严复精通中西学术，尤其是在当时中国民众对西学尚且了解不足的情况下，他不仅从小接受过系统的自然科学教育，有着深厚的现代科学基础，而且对西方人文社会科学有着深入的研究，他对科学的理解自然是不同的。

严复首先接受了现代科学的影响。早年严复在福州船政学堂主要学习的科目有英语、算术、几何学、代数、解析几何学、平三角、弧三角、动静重学、电磁学、光学、音学、热学、化学、地质学、天文学、航海学。这一经历使他对自然科学的作用和重要性有了非常清晰的认识。他认为，学生学习科学最终是为了服务于国家，可以说西方科学是西方政治的基础。这里的科学指的是自然科学。他认为，西方国家繁荣的一个重要原因是科学技术的发展。

严复认为，科学一方面可以为人们提供知识，另一方面可以发展个人的智慧，并且为个人提供相对可靠的思考和研究问题的方法。从某种意义上说，科学研究方法的水平往往高于科学知识的水平。严复重视实验方法和逻辑方法。他认为，一般来说，学习基于逻辑方法，通常分为三个层次：第一，考证，收集相似的东西并记录相关的事实；第二，关联，寻求不同观点的相似性和对相似主题的共同理解。然而，仅仅凭借这两个层次是远远不够的。他认为，在科学方法的三个层次中，采用正确的实验方法是最重要的，因此他将西方现代学术进步归功于新工具论的提倡者、英国学者培根，并称赞他："二百年学运昌明，则又不得不以柏庚氏之推陷廓清之功为称首。"

严复特别重视西方逻辑学，也因此致力于介绍西方逻辑学。他曾经翻译了两部逻辑学著作，即《穆勒名学》和《名学浅说》。1900年至1902年，严复翻译了《逻辑体系：演绎与归纳》的上半部分，并于1905年由金陵金粟斋刊刻出版。很遗憾的是后半段并未翻译。《名学浅说》的原著是英国逻辑学家耶芳思（W.S.Jevons）的《逻辑初级读本》一书。书的主要内容是形式逻辑介绍与入门引导。严复于1908年在天津翻译了这本书，并于次年在商务印书馆刊印发表。

这两部译著对中国近代逻辑学的建立起到了重要作用。严复还开设了著名的上海名学会，作为介绍逻辑知识的专门场所。1905年，应上海市青年会的邀请，他发表了政治学演讲，并撰写了《政治讲义》，将演讲稿集合以供出版。逻辑学的问题是其中的一个重要部分。

所谓科学精神，可以说是在自然科学发展的基础上，逐渐形成的一种复杂而优秀的认知方式、行为准则和价值取向。科学精神是科学文化的主要内容之一，在科学体系中占据重要地位。严复对科学精神有着相当深刻的理解，对科学精神有着较为深入、专业的论述。严复强调的科学精神主要包括以下两个方面：

一是倡导进化论引导下的锐意进取的精神。

严复是达尔文进化论的忠实信奉者，他翻译了赫胥黎的《天演论》，通过《天演论》首次将进化论系统地引入中国。同时，他赞扬了达尔文的《物种起源》一书，坚称："自其书出，欧美二洲几于家有其书，而泰西之学术政教，一时斐变。论者谓达氏之学，其一新耳目，更革心思，甚于奈端氏之格致天算，殆非虚言。"进化论提出的"物竞天择，适者生存"是世界万物发展的普遍规律，动植物的不断演变既体现在新的事物往往战胜旧的事物的胜利上，也体现在强者战胜弱者的胜利上。如果人们想生存，就必须用自己的才能和头脑与那些阻碍生存的人作斗争。失败者会一天接一天地撤退，而胜利者会一天接一天地兴旺发达。

二是以求真精神为中介，始终追求"实事求是"。

严复认为科学知识来源于实验与实践，始终坚持在得出可靠结论之前，需要对事物进行实验。通常情况下，实验越全面，最后得出的理论就越可靠。这一标准符合今天人们所说的"实践是检验真理的唯一标准"的核心精神。严复主张的自由科学并不是古人和权威的迷信。追求真理是一种最有价值的取向，毕竟在真理面前人人平等。

总之，严复从现代的角度对科学进行了全面而深入的阐释，提供了一种全新的科学文化视角。这一科学文化观不仅突破了中国人民长期以来对科学的狭隘认识，把中国人民对科学的认识提高到一个新的水平，而且有力地推动了科学启蒙在近代中国的发展。正如胡汉民所说："严氏既以所学重于世，世亦受严氏学说之影响，而自吾人观之，皆足征其鼓吹民族之精神。"

严复在政治上强调反对封建专制，支持政治改革，实行君主立宪制，向往现代民主。虽然他的政治改革思想一向比较稳定，但他不同意以暴力革命推动中国民主化进程，对我国现代民主思想的发展和民主建设做出了不可替代的贡献。总之，严复关于理论的系统翻译主要体现出西方现代民主政治思想的变更，他始终深入发展现代民主思想，并针对中国社会现实提出了民主建设方面的一系列问题。

甲午战争前，虽然早期改革家王韬、郑观应等由于历史条件的限制，提出了君主立宪政治体制的改革，但他们对西方政治只有一些较为浅显的认识，缺乏充足而理性的认识。他们往往不理解西方民主政治的本质，也不理解西方现代民主的思想理论，观察的视角仍然是较为落后的"中体西用"理论。严复摆脱了这种认识的束缚，在西方民主政治的理论层面上提高了认识，形成了现代民主的新概念。他在一系列论著和译文中均对现代民主思想和理论做了许多介绍和澄清，涉及的内容不仅全面而且相当丰富，包括天赋人权论、民权说、平等自由说、社会进化论等。

天赋人权论是西方资产阶级思想家在启蒙运动中提出的一种理论，即人生来就具有生存、自由、平等、追求幸福和财产的权利。它是欧洲资本主义革命的重要思想武器，深受严复的拥护。严复从卢梭的社会契约理论入手，详细论述了政治权利产生的相关内容。这些论述为严复主张民权理论和否定君主专制奠定了重要的理论基础。

严复的民权理论只涉及人民的政治权利，就人民的平等自由权而言，它属于社会权利的范畴。严复所说的民权与君主立宪制密切相关。严复赞同西方国家实行的分权政治原则，并以此为视角对中国传统政治进行了反思。

与政治权利相比，严复似乎更关注人们争取社会权利的斗争。因为社会权利比政治权利更广泛、更普遍，社会权利是政治权利的主要组成部分。严复关于平等与自由的论述主要是关于社会权利的。他翻译了约翰·米勒的《群己权界论》，该书从多个视角系统介绍了米勒的自由理论。严复认为，平等和自由是西方民主的核心内容，每个人的自由都是与生俱来的，必须受到国家法律的保护。

严复不仅吸收了西方进化论、社会学和政治学的理论，而且突破性地为社会历史研究提供了新的视角。这些思想反映在他翻译的《天演论》《法意》和《社会通诠》等一系列著作中。他认为人类社会的发展有一定的规律性，即其是不以人的主观意愿为转移的一场"游戏"。在他看来，弱肉强食、竞争和进化是人类社会"游戏"遵循的基本原则。严复赞同英国思想家甄克思的《社会通诠》关于社会的相关解释，并深入介绍了甄克思在其著作中提出的理论，认为社会历史发展分为三个不同的阶段："图腾社会""宗法社会"和"军事社会"。他认为"图腾社会"相当于原始社会，"宗法社会"相当于封建社会，"军事社会"是指现代资本主义社会。这种观点不仅认识是到社会在不断发展变化的，而且根据社会历史经验，认识到这种变化的趋势和特点是从低水平向高水平不断进步的过程，是从野蛮走向文明，不是政府和混乱的历史循环。这是一种新的社会历史观。

严复通过译介一系列西方当代思想学术著作，广泛传播自由、民主、科学思想，以卓越的学术见解和积极的文化实践丰富和发展了科学民主的内涵。他把中国人民的科学民主提升到理性认识的高度，进一步阐明了"科学与民主并举"的思想，为近代新文化的确立奠定了坚实的基础。严复译著传播的自由、民主、科学的思想精神照亮了中国近代新文化运动的发展道路。

第二章 高掌远跖——中国典籍作品英译发展趋势

第一节　翻译者从世俗化到学术化的变迁

在这个充满变化的时代，中国典籍的翻译呈现出了繁荣的图景。译者逐渐由过去的单一化走向多元化，身份不仅限于传教士和外交家，逐渐有越来越多的华人、华侨、汉学家、专业译者等人群主动加入了中国文化典籍对外翻译的行列。正因如此，翻译的文字也更加多元。译者的角度起初是处于世俗层面，但很快就出现了转向，逐渐向学术翻译倾斜，至今仍在不断向前发展。翻译实践蓬勃发展，翻译理论典籍发展迅速，翻译研究的跨学科趋势明显，对翻译的理解日益深入，中国文化典籍作品英译进入全面发展的全盛时期。

一、世俗化的翻译者与翻译的变更

（一）汉学家兼汉译员

19世纪末，大量的外交官和传教士退休后，选择成为大学的汉学教授，他们不再受限于自己的地位，有大量的时间自由研究科学文献和从事相关的翻译工作，而且他们中的一部分人将科研与翻译结合起来，取得了丰硕的成果。此外，他们还培养了不少中国文化研究学者，为后面中国文化的英文翻译和中国文学的发展奠定了基础。由于大量知识分子选择美国作为出国留学或者定居的国家，20世纪美国汉文化的学术研究和中国文化典籍的英译可以与英国媲美，甚至超越英国。19世纪，大量的外交家和传教士完成了中国文化典籍的英文翻译和文学史工作。20世纪，中国文学典籍翻译家身份发生转换，主要由海外汉学家、外国人、留学生和中国自己的翻译家承担翻译工作。

（二）翻译新变化

翻译新的变化主要表现在三个方面，如图2-1所示。

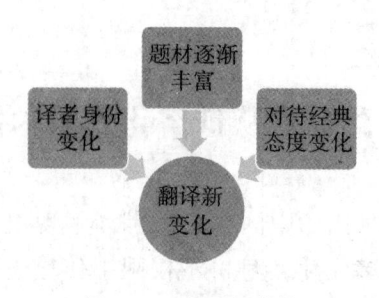

图 2-1　翻译新变化

1. 翻译者的身份逐渐发生变化

参与中国文化典籍翻译工作的人员不再局限于外交官与传教士，而是包含中国学者、诗人等不同职业。

2. 翻译者不再拘泥于单一题材的英译

翻译者一方面翻译文学和哲学典籍，另一方面也在不断翻译实践操作类典籍。翻译者翻译的题材丰富多样。

3. 翻译者对待经典的态度产生变化

世俗化可以说占据了 20 世纪上半叶的中国文化典籍英译时期，然而，伴随着翻译者对中国文化典籍态度的变化，其翻译的典籍作品也更多地受到读者的关注。从 20 世纪 50 年代开始，翻译者更加重视中国文化和文学的科学价值。

二、翻译者学术化

（一）海外翻译者学术化

20 世纪初，随着工业文明的不断进步，社会逐渐出现各种难以调和的矛盾和工业文明的固有弊端，在社会动荡不安的同时，人们的思想逐渐解放，部分人开始专注反思工业文明。在这一时期，各种理论流派和文化思潮层出不穷。

在英国有一个"布卢姆斯伯里文化圈"，在美国有一个由庞德发起的意象主义运动。在这些文化思潮的影响与推动下，韦利和庞德对中国经典名著的英译与 19 世纪传教士和外交官的翻译有着显著的不同。

1816 年，韦利出版了 *Chinese Poems*，其中翻译的中国诗以清新、特别的诗风迅速赢得英国读者的喜爱，并于 1818 年出版了 *A Hundred and Seventy Chinese Poems*，这本书一经面世同样大受欢迎。从这两本书中可以窥见韦利对翻译的立场。他相信：诗歌应该采取直译，而不是意译的方式。中国诗歌应该注意具有一定的韵律性，做到朗朗上口。韦利不使用押韵，因为语言的差异，英文押韵的效果和中文押韵不一样。此外，限制韵律对语言的生命力和直译都有害，所以他宁可不考虑诗文的韵律问题。

韦利与翟理斯在诗歌翻译的观念和风格上有所不同，韦利不再追求英国维多利亚时代强调的古典与优雅，相较而言，其译作没有强烈的文人气息，更加随意自然。韦利找到了一种将中国古典诗歌翻译成英语的方法，即强调重音和行间节奏，使翻译更加自由和灵活。韦利还强调，意象是诗歌的灵魂，因此，翻译者既不应主观增加意象，也不应减少原诗的意象，要考虑到意象是诗歌的灵魂。

韦利不仅将中国诗歌翻译成英文，而且翻译了中国儒家和道家的两部作品，在翻译上具有世俗化倾向。他在将《论语》翻译成英语时，注重对话和口语，这与孔子的语录风格是一致的。他把孔子《论语》中的"仁"翻译成体现世俗性和普遍性的善；把"道"翻译成一种途径，既消除了"道"的神秘，又突出了"道"的世俗一面。在韦利的眼中，文学不再是庙堂文化，经典典籍也可以变得世俗化。韦利不仅翻译文学经典典籍，而且翻译名人思想经典典籍，以及民族经典，不再局限于翻译特定类型的主题。

与韦利有着相似翻译倾向的诗人庞德，由于不懂中文，无法直接从中文原文翻译。作为一名诗人，他的诗歌翻译是一种具有创造性的翻译。这种翻译方式的优点是不受原文干扰，可以根据自己的翻译理念对原文加以理解，并且进行翻译。庞德的翻译影响深远，极具突破性，具有很高的研究价值。此外，庞德对翻译中华文学典籍始终坚持的重要观点是：英国文学的繁荣一部分得益于翻译其他国家的文学典籍，英国文学的伟大时代也可以称为翻译的伟大时代。由此可知，庞德通过翻译借鉴其他国家文学的长处，为自己开启文学创作服务，形成了翻译与创作相互补充的状态。

20世纪下半叶，世界总的趋势是和平、稳定和发展，尤其是在欧洲和美国，经济进入高速发展时期，人民生活水平提高，相应地，人民的思想较为活跃。20世纪50年代以来，形成了各种流派和思想学说，为学术研究奠定了良好的基础。这一时期中国文化经典英译的主要特点是研究与翻译并重。代表人物包括英国的格瑞汉、霍克斯，美国的安乐哲、宇文所安等人。他们研究中国文化经典典籍，并将研究的成果应用于翻译，以检验其研究成果的合理性和有效性，在研究和翻译之间形成了一种不同于庞德作品的互补联系。

这一先例是由英国汉学家格瑞汉开辟的。他选择的研究对象和翻译主体是儒家二程兄弟，其代表作是《中国的两位哲学家：二程兄弟的新儒学》。他在研究过程中发现儒家理学巧妙地融合了佛道思想，这种跨越思想边境的探索方式具有极高的学术价值，是学术研究的最佳课题，但19世纪的传教士却忽视了这一点，因为儒家理学中没有关于上帝的内容，他们认为其是没有翻译价值的。格瑞汉的研究采用从理学的基本概念入手的方式，对理学进行详细的分析，并且提出自己的观点，这种思路是任何人都没有超越过的。

　　在翻译方面，虽然英语单词在意义上可能与汉语无法完全对应，但二者意义的重叠部分仍然大于差异部分。格瑞汉是一位学术研究者，也是一位翻译家，他从理学的角度分析理学思想，其翻译术语的准确性显而易见。术语的正确英译对突出理学思想起到了积极的作用。此外，格瑞汉还翻译了《庄子·内七篇和外篇选》等著作，1981年曾经组织翻译《晚唐诗选》。由此可见，他翻译题材非常广泛。

　　安乐哲以中西比较哲学研究中国儒学，认为儒学与过程哲学存在相似之处，所以他运用过程哲学的方法，强调儒家重视实用性和过程性，例如在翻译过程中较多地使用进行时时态。此外，安乐哲还提出了"往复翻译"的概念，对在海外汉学家的工作中传播中国文化起到了重要作用。

　　除了意识形态经典名著之外，文学经典的翻译也同样重视研究。在《红楼梦》霍克斯和闵福德合作翻译版本中，序言长达35页，涵盖了探索大庄园的各个方面，两位翻译家留下了600多页的英文翻译笔记。研究采用边翻译边研究的方式，这是一种很有说服力的研究方式，对翻译至关重要。

　　翻译不仅仅是文字的转换，更是思想文字和精神文字的转换。有时候很难找到合适的词替代原文，所以研究性翻译可以说是一种真正的翻译，不仅要让读者理解，还要体现原文的思想艺术价值。

　　因此，20世纪和21世纪的翻译不再像19世纪那样追求直译和宗教比较，而是从多个意识形态角度审视文本，强调思想性、文学性以及可读性。此外，由于译者身份和经验的巨大变化，其所选作品有所不同，翻译也更加丰富多样。

（二）中国翻译者学术化与中国文化传播

1. 辜鸿铭的翻译与传播

进入新的发展阶段后，中国文化经典典籍英译的一个主要特点是中国人也加入了翻译队伍，改变了原本只有外国人翻译中国典籍的局面。也只有中国人翻译中国文化经典典籍，才能真正表述出文本背后的深意，这有利于中国文化走向世界。

从时间上看，中国翻译者翻译中国文化典籍可以分为三个阶段：第一阶段，20世纪上半叶，以辜鸿铭、林语堂为代表；第二阶段，1949年中华人民共和国成立直到1978年改革开放，以杨宪益、戴乃迭夫妇为代表；第三阶段，1978年以来，以汪榕培、许渊冲、王宏印等人为代表。由于时代和环境的不同，这些翻译家的翻译风格明显不同于国外的翻译家。

辜鸿铭开启了中国人自主完成中国文化经典典籍翻译的序幕。辜鸿铭早年留学欧洲多年，但是他对中国文化始终抱有深厚的感情。辜鸿铭是一位知识渊博、视野开阔的爱国翻译家。1898年，辜鸿铭翻译了孔子的《论语》，因为他认为，理雅各翻译的中国经典作品不能将中国的文明、知识和中国的道德价值观传递给欧美人民。

辜鸿铭为了将孔子的《论语》翻译成英语，采取了不同的策略。

辜鸿铭始终相信，在所有能被英国普通读者接受的中文书籍中，《论语》是对中国知识和道德的最好表达。为此，辜鸿铭试图让孔子和他的弟子们的语录采用英国人的语言方式，表达类似的思想。为了进一步消除英国读者的陌生感，辜鸿铭尽可能删除中文名字。最后，为了让读者理解文本的意识形态意义，辜鸿铭添加了注释并引用了欧洲著名作家的话，以唤醒欧洲人熟悉的意识形态语境，因为读者对这些作家的话有更好的理解。辜鸿铭翻译的《论语》以欧洲读者为中心，因此传播速度较快，在欧洲有很大的影响。

1906年，辜鸿铭带领翻译了《中庸》一书，英国的丛书《东方智慧》曾经收录《中庸》一书的译本，于1912年和1920年再版。在1920年版的前言中，辜鸿铭提到在《中庸》一书的翻译中，道德义务的概念将被清晰地呈现出来，因为这一概念构成了中华文明，构成了人类行为和社会秩序的基础。

由此可见，辜鸿铭认为中华文明可以使人类行为更加道德，社会秩序更加稳定。辜鸿铭的翻译旨在说明中华文明不亚于欧洲文明，他通过对中华名著典籍的翻译实现对中华文明的传播。

2. 其他学者的翻译与传播

林语堂可谓是真正继承了辜鸿铭翻译的核心思想。林语堂编译了《孔子的智慧》和《老子的智慧》两本经典。林语堂同样将中国的主流思想——儒学和道教通过翻译引入西方。林语堂所处时代为民国时期，这一时期出现了与辜鸿铭不同的思想和思潮，这使林语堂对中国文化和中华文明有了更清晰的认识。可以说，林语堂不仅是一位著名翻译学家，也是一位著名作家和中华文化传播者。

林语堂编译了儒家和道教经典著作，而不是纯粹地翻译。他的目标读者与辜鸿铭相同，也就是常年生活在欧洲的外国人，他们的目的都是让受过西方教育的普通读者可以接受中华文化。林语堂的编纂突出了中华文化或中华文明的精髓，他编译的著作语言流畅，能够吸引更多读者阅读在国外产生了很大的影响。

以 1949 年中华人民共和国成立为界，中国文化经典典籍的英译明显呈现出两种不同的趋势：海外华人的中国文化经典典籍的英译和中国翻译家的中国文化经典典籍的英译。

1949 年，钱穆、唐君毅等一批文化精英因时局的动荡不安选择离开香港，这些人仍然保留着传播中国传统文化的历史责任感，因此，即便人在海外，但仍然延续了中国传统儒家文化。他们的翻译主要从理学为主，同时加入对中西方哲学的理解，试图恢复儒家的价值体系，并在此基础上寻求中国文化和社会的现代化。

在这一学派的影响下，出现了陈荣捷和刘殿爵两位翻译家。陈荣捷曾留学美国，在美国大学教授中国文化，主要研究宋明理学和佛教。因为宋明理学最具思辨性，可以说是中国哲学的代表，这与格瑞汉的研究很相似。与陈荣捷不同，刘殿爵的学术活动主要在英国和中国香港。他的《道德经》《论语》和《孟子》的英文译本由英国企鹅出版集团出版。他的翻译风格精练、清晰、全面，因此其翻译作品广受喜爱，销量较高，为中国文化的传播做出了巨大贡献。此外，刘殿爵还培养出了像安乐哲这样的学生。陈荣捷和刘殿爵将中国传统儒道思想传播到英美文化圈，取得了良好的成果，值得我们钦佩和深入研究。在英国和美国翻译中国文化典籍的译者也可称为"华侨翻译"，他们的翻译在英国和美国的影响要比中国本土译者大得多，这说明了"华侨翻译"的优势。

1978 年之后，中国进入改革开放和经济快速发展时期，对外交往越来越密集，思想逐渐解放，大量书籍从国外进口。20世纪90年代，中国文化典籍的英译兴起，翻译事业发展迅速，诸如老子、庄子和孔子的思想经典的大量翻译陆续出现。其中，诗歌的英译较为繁荣，但古典小说的翻译却相对较少。这一时期的译者追求原意的传递和读者的接受程度。因为译文在中国出版，翻译过后的典籍反而在中国更受欢迎，与外国的交流较少，随着中外交流的频繁，这种情况逐步改善。

中国文化典籍的主要译者分为外国人和中国人。相对而言，中国译者更注重自身文化的传播，外国译者更注重学术研究，他们的翻译侧重点不同。如果两者能够相互融合，效果会更好，这就需要加强中外译者之间的交流与合作，让中国译者走出国门，让外国译者进入中国实地考察，形成良好的互动。

第二节　中国典籍作品英译作品刊登期刊

在中国文化典籍的英译过程中，词典起着重要作用，因为词典本身就是一种参照物，词典的编纂甚至可历时一个世纪。从本质上讲，编纂汉英词典是为了让更多的人学习汉语，而不是翻译中国文化经典专用。然而，由于中国在19世纪处于封建社会，书面语和口语分离，汉英词典中几乎所有的例子都来自中国文化经典。来中国的传教士和外交官在学习汉语时，其辅助工具书如词典中的例子多选自中国文化经典典籍。因为词典的重要性，汉英词典的编纂一直没有停止过，它们仍然在中国文化经典的英译中发挥着作用。

进入20世纪后，随着社会经济的发展，期刊比19世纪更有活力。中国文化名著的英译继续活跃在杂志上，为中国文化的传播和翻译研究做出了不可忽视的重要贡献。

一、从普通汉英词典到专业词典

20世纪上半叶，英美等国对中国文化的重视程度不如19世纪，这可能与当时的国际国内环境有关，因为在此期间爆发了两次世界大战，欧洲是主要战场。在人民生活受到影响的情况下，人们对中国文化的关注度自然比以前低了。与此同时，中国社会也不稳定，军阀混战，人民生活贫困，社会动荡不安。此外，19世纪，中西方经过百年的相互了解，英美等国对中国的政治、经济、文化、历史、地理已经有了相当清晰的认识，而20世纪上半叶的中国变化不大。所有这些因素加在一起，使得英国人和美国人对中国的关注较少，因此，欧洲学习汉语的人数也在减少，这导致汉英词典的编纂不如19世纪那样繁荣。

尽管国内外形势不利于汉英词典的编纂，但词典的编纂并没有停止。1931年，马修斯在上海出版了一本汉英词典，这本词典是为传教工作服务的。由于社会历史环境的变化，该词典的词库也发生了重大变化。20世纪，政治、经济、文化、科技等领域涌现出许多新词，本词典也做出了相应的改变，而古代文言文在词典中所占比例很小。马修斯编撰的词典和1947年赵元任出版的《国语字典》代表了20世纪上半叶汉英词典编纂的最高成就。可以肯定的是，在新文化运动中，白话语言占据了绝对优势，文言文逐渐退出市场。这些词典在人们掌握汉语口语和交际的过程中起着重要作用。

国内外形势发生了重大变化，汉英词典的编纂也随之发生变化。1911年清朝灭亡，1915年胡适倡导白话文，1919年新文化运动兴起，原本占据主导地位的儒家思想开始瓦解。大量的源自外国的新思想被引入中国，中国和西方开始在各个方面进行主动沟通和融合。在这种情况下，汉英词典变得更加重要。中国文化名著是用文言写成的，将其翻译成英文时很难从新编纂的汉英词典中汲取营养，由于白话文逐渐成为书面语言，以白话文为主的汉英词典取代了以文言文为主的汉英词典。

1971年，梁实秋于台湾出版了《最新实用汉英辞典》。1972年，林语堂于香港出版了《当代汉英词典》。大陆汉英词典的编纂略晚于香港和台湾。1978年，北京外国语大学吴景荣主编的《汉英词典》出版，然后不断修订，以适应新形势的发展需要。

1978年之后，我国正式进入改革开放的新时期。为了适应新形势下中国文化"走出去"的战略，典籍专用英译词典的编纂工作被提上议事日程。然而，典籍英译词典的编纂和出版却存在着很大的困难，主要表现在两个方面：首先，由于中西方思想文化的巨大差距，即使在19世纪，传教士和外交官对中国文化经典的英译在理解上也有很大不同，翻译更具个人性和传教性；其次，进入20世纪后，中国传统文化不再像19世纪那样受到重视，甚至被束之高阁，导致中国传统文化无法与现代思想相联系。毫无疑问，这些困难是编纂典籍英译词典的主要障碍。

然而，这些困难是可以克服的，19世纪和20世纪的汉英词典提供了经验、教训和丰富的资源。尤其是19世纪的几部汉英词典具有极强的借鉴意义，因为这个时代是中西方相互了解的时期。传教士和外交官花了很多精力在西方人如何理解中国人的精神和思想，以使他们沟通得更加顺畅。

此外，中国文化典籍经过数百年的英译，积累了大量的译文。例如，有60多个《论语》的英文译本和100多个《道德经》的英文译本。这些译文产生于不同的时代，具有不同的翻译目的、不同的中外译者、不同的中国文化经典观、不同的视角等。这无疑将为典籍英译词典的编纂提供丰富的翻译实例，也将为词义的解构和释义提供有价值的参考。

20世纪是科学技术飞速发展的世纪，特别是互联网的兴起，缩短了人与人之间的距离，在这个"信息爆炸"的时代，需要核实和分类的信息太多。现代科技和信息量的增加为典籍英译词典的编纂提供了便利条件，互联网查询功能和在线翻译系统也改变了词典仅以纸质形式存在的时代。就目前的使用情况而言，在线词典和在线翻译可能比纸质词典更受欢迎、更加方便。因此，典籍英译词典的编纂应充分考虑利用互联网，实现资源共享。我们希望在不久的将来出版一本中国典籍文学英译词典，这将有助于中国文化经典的英译和中国文化的对外传播。

二、中国人的翻译期刊

（一）《天下》

通常情况下，在期刊上发表的文章或译文往往比在报纸上发表的文章或译文篇幅更长，因此，与报纸相比，期刊可以更充分、更详尽地表达作者或译者的观点，这可以说是期刊最大的优势。此外，由于期刊具有主题性，其相比报纸具有更强的针对性，所面向的受众较为稳定，这对于传播思想具有更大的价值。19世纪的《中国丛报》和《中国评论》两本期刊因为具备以上优势，在让世界了解中国、传播中国思想文化方面取得了显著成就。

进入20世纪后，形势发生了巨大变化——从19世纪多由外国传教士、外交官经营期刊到多由中国人经营期刊，从外国人主动了解中国到期刊积极向外国人介绍中国情况。这一巨大的变化表明，中国已将世界视为一个一体化的世界，认为封闭只能导致贫困、落后和被动。因此，为了融入世界，部分期刊致力于介绍和推广中国和中国文化，并成为一条有效渠道。20世纪上半叶，以《天下》和《中国文学》为首的两种期刊将许多中国文化经典译成英文，这对中国思想文化的传播起到了促进作用。

20世纪30年代，一批留学英美国家的学生选择回国。这些留学生接受了中国传统教育和西方大学教育两种形式的教育，对这两种文化都很熟悉，因此他们对中西方文化的优缺点有更清晰的认识。为了传播中国文化，这些留学生共办一本杂志，于是诞生了《天下》，其主编是温源宁。温源宁获得英国剑桥大学法学硕士学位，历任北京大学、清华大学等校教授，主要作品都用英文写成。

《天下》的目标是向西方国家介绍中国文化，强调国际化、公正性、普遍性和跨学科研究，探索中西方文化交流的必要性和可能性。孙科在发刊词中进一步强调，《天下》要传播中国文化，包括中国文学、艺术、哲学等。他的目标是实现孙中山"天下为公"的遗志。

纵观孙科的发刊词，可以发现，其主要提及以下两点内容：第一，期刊之所以被称为《天下》，是因为它接受了"天下"所隐含的"宇宙"的含义，因此，"任何涉及全世界人类利益的文章都在出版物的选择范围内"，反映了该出版物促进国际文化交流的使命。第二，该刊物自办刊之日起，就承担着实现孙中山"天下为公"的遗志的使命。孙科认为，正是因为国际联盟未能在消除国际文化障碍和隔阂方面有所作为，和平才尚未实现，战争才仍然在继续。这就是为什么中国需要一份向世界介绍中国文化的英文出版物，以通过文化交流加强相互了解，避免战争。这表明，《天下》从一开始就以学术和全球视野服务世界。

传播中国文化，宣传中国文化底蕴，最有效的途径是翻译中国文化经典。因此，《天下》设有翻译文学经典、思想经典和当代文学作品的专栏。其选择翻译对象的标准是是否具有一定的思想性。根据《天下》发表的译文和文章，可以看到《天下》的精选翻译内容和翻译的标准，其译有《道德经》和70首古诗，论文有《唐诗四季》《诗经琐谈》《作为道士的莎士比亚》《超越东西方》等，可以说翻译与研究并重，呈现中西方文化融合的趋势。在贡献方面，英美留学生和专家学者共同促成了中西方学者的交流与沟通。在发行方面，以上海为中心，负责在内地和香港的发行，并在亚洲、欧洲和美洲建立了覆盖多个国家的分销点，最大限度地发挥其影响力。

总之，《天下》这本杂志的独立性、思想性、全球视野和正义感使其成为20世纪上半叶中国最具影响力的英文杂志，也是发表中国文化经典英译本最多的杂志。

（二）《中国文学》

1949年中华人民共和国成立以来，由于西方对中国的封锁，中国和西方之间的沟通和交流渠道受阻。为了改变这种状况，同时为了对外宣传，1951年，中国推出《中国文学》（英文版），主要翻译和介绍20世纪40年代解放区产生的文学，以满足一些外国读者了解中国新文学创作的愿望。

《中国文学》（英文版）在不同的历史阶段有着不同的目标和读者。20世纪50年代至60年代，中国文学的主题和目的发生了重大变化。20世纪50年代，《中国文学》（英文版）向亚洲、非洲和拉丁美洲的读者介绍了中国的革命斗争，给了他们信心和鼓励。20世纪60年代，《中国文学》（英文版）面向资本主义国家的知识分子，获得了西方国家对我国的理解和同情。20世纪80年代以后，《中国文学》（英文版）逐渐繁荣，销往150多个国家和地区。

《中国文学》（英文版）是一本翻译期刊，主要出版现当代文学作品，同时出版中国传统文学作品，小说方面有《儒林外史》《红楼梦》等，戏剧方面有关汉卿的《长生殿》《关汉卿杂剧选》等选集。该期刊具有时代特征，主要翻译和介绍当时的作品，充分发挥经典作品"古为今用"的作用。

该杂志翻译介绍的经典小说类型包括笔记小说、传奇小说、小说篇章和奇闻逸事，《水浒传》《西游记》《三国演义》《红楼梦》《永生宫》等名著和戏剧被缩短并翻译成英文发表在期刊上。

从《天下》到《中国文学》（英文版），我们可以看到，两者办刊宗旨有着明显的不同：一个关注学术，一个以宣传为主。然而，两者也有一些共同之处——都是政府资助的，旨在向西方介绍中国文化。就中国文化经典的英译而言，《天下》优于《中国文学》（英文版），其更注重思想性，具有全球视野。如何在新的历史时期通过期刊将中国文化经典翻译成英文来传递中华优秀传统文化，是一个难题，我们期待在短时间内解决这一问题。

21世纪，生活节奏加快，技术进步，互联网出现，信息爆炸，这都是现有的社会背景。在中国文化名著的英译方面，词典和期刊的编纂面临着巨大的困难和挑战。为了适应新形势的发展，必须改变旧的思维方式。互联网的应用改变了传统词典的面貌。查询和提问的功能将翻译由一个人的"斗争"转化为集体智慧,这可能是中国文化经典英译的未来趋势。

互联网打破了纸质期刊的限制,已发表的译文和文章可以在网上找到。期刊读者数量比历史上任何时候都多,相反,订阅纸质期刊的读者数量正在减少。例如,《译丛》拥有自己的数据库,朝着电子产品迈出了一大步。

如果把中国文化经典的英译定位局限于传统形式,那么这条路只会越来越窄。目前,中国文化名著英译的发展方向应该是利用互联网进行翻译、宣传、发行等。这样,中国文化经典的英译将变得更快速、更广泛、更优质。

第三节　中国典籍作品英译趋向繁荣

一、中国典籍翻译理论的产生与发展

在中西方相互了解、相互理解的过程中,翻译起着至关重要的作用,因为翻译比介绍性书籍更真实,个人观点更少,因此更客观,这是由翻译的性质决定的:翻译必须保证原文观点不发生变化。然而,翻译过程中会出现一些变化,正是这些变化构成了翻译研究的核心。

相对而言,19 世纪来华的新教传教士和外交官的翻译变化不大,翻译实践也非常丰富,这为古籍的翻译研究和理论总结奠定了基础。20 世纪以来,中国文化经典的英译实践日益多样化,中西方翻译理论也日益繁荣。有各种思潮和流派可以用来总结中国典籍作品翻译的经验,形成了中国典籍作品翻译理论。

东汉末年的佛经翻译是印度佛教思想与中国儒道思想的碰撞与交流。关于在中国引入异质思想,许多译者从不同角度提出了不同的翻译方法、策略、观点或方法,主要包括道安的"五失本"和"三不易"、彦琮的"八备"、玄奘的"五不译"、赞宁的"六例"等。这些观点、学说、方法论直接来源于翻译实践,构成了中国传统翻译理论的基础。

清末严复提出了翻译的"三难",即"信、达、雅"。从严复开始,中国传统翻译理论开始逆转,不再强调语言本体论、译者主题和翻译方法,如佛经翻译,朝着制定翻译标准和进入翻译批评领域的方向迈进。此外,它标志着跨学科研究的开始,因为严复的"信、达、雅"是借鉴中国儒家思想,而不是依

据个人的翻译经验。从此，林语堂的"忠实、通顺、美"、傅雷的"神似"和钱锺书的"化境"都与翻译标准挂钩，他们也借鉴了中国传统的绘画理论或文学理论，翻译研究朝着跨学科的方向发展。

传统的翻译理论主要源于外译汉。中国文化经典翻译的研究起步较晚。最早的一篇文章应该是1906年王国维写的《书辜氏汤生英译〈中庸〉后》。在本文中，王国维认为。中西方哲学不同，翻译不可能对等，也不可能达到完全的忠实。可以看出，王国维采用了从中西方哲学术语对等的角度来研究中国文化经典翻译的比较方法。这表明，王国维在中国古典典籍翻译研究中具有中西学术比较的视野，能够找到翻译的关键。

20世纪80年代以后，中国译者根据自己的翻译实践和经验，总结出了新的翻译理论，如许渊冲的"三美""三之"和"三化"的翻译理论。许渊冲的翻译理论通常属于传统的翻译理论，不是现代翻译理论，但其中有一些归纳是基于西方翻译理论和西方的系统思维。这对中国文学经典的翻译大有裨益，但不适合意识思想类经典的翻译。按照普遍原则，许渊冲的翻译理论具有一定的局限性，因此不能成为通用性原则。

从理论渊源上讲，中国传统"思辨与言辩"的演变和发展引申出"传神达意"的翻译思想。从理论创新的角度来看，"传神达意"可以从多个角度来看待和翻译，从而拓展翻译理论的研究空间，如将中国传统绘画理论与传统文献学相结合，创立了以"达"为过程并赋予其新意义的翻译理论。从理论应用的角度来看，"传神达意"可以作为翻译的原则和基础，也可以作为翻译批评的标准，并强调美学主题的参与。

以上两种翻译理论与翻译实践有着密切的联系，可以指导翻译实践，但还需要进一步的完善。

中国传统翻译理论源于中国翻译实践，主要运用了中国儒家、中国画论和中国文论的概念，通常用几个词来表达翻译思想，简短易懂，有助于理解翻译的本质。

必须明确的是，中国传统翻译理论主要基于"序"和"跋"两个方面，这两个方面都是不系统的，存在着"理论意识淡薄""基本范畴缺乏"和"学术背景薄弱"等弊端。事实上，中国传统翻译理论是有价值的，它源于译者的实践，有着坚实的基础。但其缺乏与西方翻译理论对话的现代阐释。通过与西方翻译理论的比较研究和整合，可以获得新的理论发现。

20世纪末以来，受中国文化"走出去"战略的影响，中国文化经典翻译进入了一个新的历史时期。随着一系列国家翻译项目的出现，中国文化经典翻译研究也进入了一个繁荣时期，涌现了许多有价值的研究。

从典籍外译的过程看，它遵循全译的三步骤，如图2-2所示。

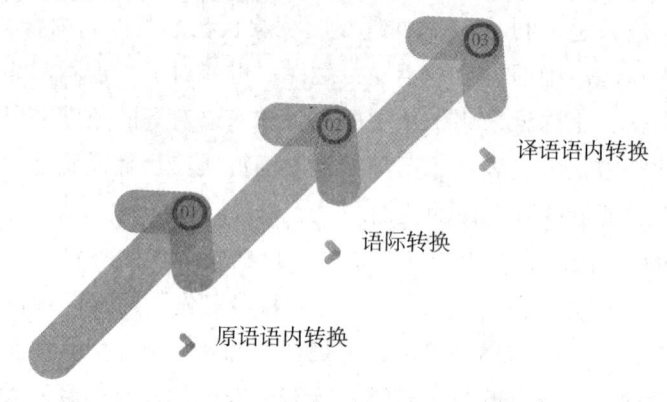

译语语内转换

语际转换

原语语内转换

图2-2 全译的三步骤

典籍外译的特色在于语内转换：原语理解阶段多半要经古文今译的过程，译语表达阶段可能需要经过今文古译的过程。

从古籍外译的结果来看，古籍外译可以译成古代语言，也可以译成现代语言。古原语、现代原语、现代译语和古译语四要素与典籍外译的阶段可演绎出两大类转换机制，即直接转换机制和间接转换机制，有五种类型，如图2-3所示。

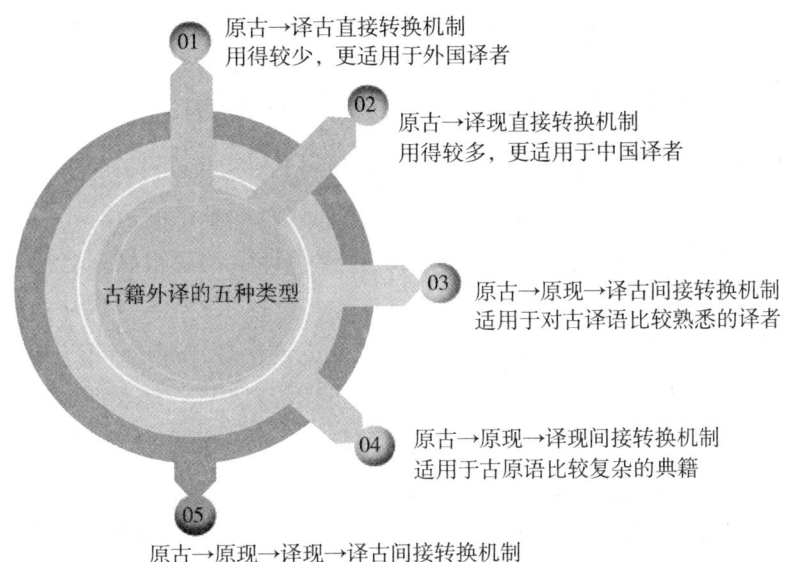

- 01 原古→译古直接转换机制
  用得较少，更适用于外国译者
- 02 原古→译现直接转换机制
  用得较多，更适用于中国译者
- 03 原古→原现→译古间接转换机制
  适用于对古译语比较熟悉的译者
- 04 原古→原现→译现间接转换机制
  适用于古原语比较复杂的典籍
- 05 原古→原现→译现→译古间接转换机制
  适用于古代原语较难、古译语掌握不够的译者

图 2-3 古籍外译的五种类型

由于译者对古代和现代语言的认识程度不同，这四种机制的功能也不同，或单项运作，或双项、三项运作，甚至是四项联合运作。

黄国文也注意到了古籍翻译中的转换机制问题，认为古籍翻译通常要经过语内翻译环节：古籍的翻译通常包括语内翻译和语际翻译，现代的翻译家首先把古籍转换为现代汉语文本，再将现代汉语文本转换为目的语；现代汉语文本介于古典文言文版本和目标文本之间，可以是译者心目中存在的实际文本或"后源语文本"。一些现代译者主要依靠语内翻译后的现代汉语作为英语翻译的原文，也就是他们所依据的"源语言"。其实这也不是严格意义上的源语言，而是"后源语版本"。此外，黄国文认为翻译的副文本包括先验背景知识、注释和翻译中添加的内容，属于语内翻译过程，这拓展了语内翻译的内涵。

总之，中国科学家不断从宏观、微观、思维定势等方面探索中国文化经典翻译的理论问题，并且在文化交流等方面拓展了古典典籍翻译的研究领域。

对于中国经典作品的翻译，有着数百年的实践经验，积累了许多需要提升到理论层面的观点。翻译近年来发展迅速，人们对翻译实践的认识也越来越清晰。此外，几乎所有的西方翻译理论都已被中国学者认知，这些理论为中国经典作品翻译理论的研究提供了很好的资源。专家学者需要进一步研究探索，探寻这些资源能否转化为中国古典翻译理论的资源，不断丰富中国古典翻译理论的研究。

二、西方现代翻译理论给中国典籍翻译带来的启示

西方现代翻译理论起源于索绪尔（Ferdinand de Saussure）的语言学。所有建立在他的语言学基础上的翻译理论都属于现代翻译理论的范畴，但有些翻译理论与他的语言学相距甚远。因此，任何一个翻译学派都很难完全超索绪尔的语言学，形成自己的翻译体系。

20世纪80年代以来，中国引进了大量西方现代翻译理论，有10种流派或思潮，主要包括翻译的人文主义思潮、翻译的语言学派、翻译的文艺学派、翻译的哲学学派、翻译的功能学派、翻译的多元系统及规范学派、翻译的目的论学派、翻译研究的文化学派、女性主义翻译观、后殖民翻译理论。近年来，西方翻译理论的研究进入了一个沉寂的时期，没有做出重大突破性贡献，当然，这可能是新一轮翻译理论高潮前的沉默，也可能是翻译理论研究枯竭的表现。中国学者可以基于中国传统翻译理论的现代阐释，借鉴西方部分翻译理论，将西方翻译理论与中国传统翻译理论相结合，形成一个新的学术生长点，增进中西方翻译理论的对话与交流。

根据这一观点，我们可以从中国文化经典名著的翻译实践中总结出一些有价值的观点，然后用西方翻译理论来解释和提升它，使之成为一个新的理论。

近年来，随着世界对中国的日益关注和中国文化对"全球化"的内在要求，中国经典名著翻译取得了新的发展。然而，重译中国经典名著的前提必然是仔细整理历代的版本，尤其是这些版本的差异。所以，中国经典名著翻译不仅要翻译字、词、句、篇，而且要形成真正的思想性探索。

解读经典名著的方法与新批评派的"细读"相类似，但本质存在差异。解读经典名著至少应该基于以下三点：第一，当资源耗尽时，学者需要回到源头仔细阅读文本，寻找资源，它可以被时代所利用，如宋朝的理学；第二，目前中国文化典籍的翻译已经相当丰富，我们需要从一开始就仔细阅读这些翻译，了解文化典籍翻译中一些常见现象或规律；第三，细读者必须具备一定的跨文化和跨学科意识，不是为了细读而细读，而是为了满足阅读实践的需要。总之，作品解读对经典翻译理论的建构具有一定的方法论意义。同时，它可以促进学术研究的发展。

缪勒的《东方圣书》和阿部正雄的"跨信仰对话"已经有一百年的历史了。

然而，对于"将相反的两极转化为对话的搭档"[①]，必须说，中国和西方之间的"经文辩读"还没有真正开始。因此，我们与"他异性"的思想和文化必须保持距离，这样才可以形成独特的视角，发现独特的问题。中国语境中的西学和西方语境中的概论也可以相互回归。

想要形成学术对话，就需要"厚重翻译"，并从中总结出富有价值的内容，形成一个小的中国典籍翻译理论，如经学翻译理论。

中国文化经典的翻译源远流长，有着丰富的资源，有很多问题需要讨论，包括翻译原则、翻译理论、翻译技巧、翻译标准等。

王宏印在《中国文化典籍英译》中讨论了典籍翻译中的六个根本问题，如图2-4所示。

图2-4 典籍翻译中的六个根本问题

01 关键术语的"综合性注释"作为译文的正文的补充
02 英文基本术语的对应与阐释须明确有序
03 句子须求语义明晰而行文晓畅
04 篇章层次可做必要的调整以求适合性
05 译文应关注不同文化和表达功能的体现
06 在知识可靠的基础上讲究艺术性和诗学功能

[①] 赵长江. 外教社博学文库 19世纪中国文化典籍英译史[M]. 上海：上海外语教育出版社，2017.

这些问题包括"厚重翻译"、术语翻译、文本翻译、文化翻译等内容，如果与西方现代翻译理论相结合，可以达到更高的理论水平。

西方现代翻译理论具有较高的借鉴价值。可以说，我们这个时代并不缺乏理论，只是没有理论的认同，没有相应的思想、方法、原则支撑。我们可以对西方翻译理论加以必要的借鉴，提升对理论的掌握程度，培养创新精神。

鉴于此，基于中国文化经典翻译的实践，将作品解读作为一种方法论，需要具有现代西方翻译理论的宽广视野和思辨精神，实现中西融合，对现有经典翻译理论进行系统研究。只有这样，经典翻译理论体系的形成才会指日可待。

纵观中西方翻译史，由于翻译的内容和主题不同，背后的文化思想不同，学术研究的重点有所差异，这必然会导致中西翻译理论的不同走向。在当今全球一体化的进程中，中西方文化思想的融合已成为一种必然趋势，中西方翻译理论应该逐步从各自的分散走向相互借鉴和融合，形成翻译理论创新和学术创新，从而共同推动翻译实践和翻译理论的发展。

第三章 典谟训诂——中国早期思想流派作品翻译比较

第一节 《论语》翻译策略比较

一、《论语》简介

《论语》是一本儒家经典名著，记载了孔子及其弟子的言论，由孔子的学生和弟子共同完成编纂。该书经多年的编写，完成于战国初期。该书以语录和对话文体形式为主，体现了孔子的政治思想、伦理思想、道德观念和教育原则。

《论语》全书共 20 篇，492 章，最短的一章甚至只有 6 个字，而最长的一章足足有 300 多个字。《论语》一书具有丰富的内容和多样化的体裁，其中包括对话、叙事、格言、感悟，蕴含着无穷的文化哲学魅力。作为一部涉及哲学、政治、教育、伦理、道德等诸多方面的儒家经典，《论语》内容非常丰富，对中国文化的形成和发展具有重大影响。古人常说"半部《论语》治天下，一部《四书》成圣贤"，可见《论语》在中国五千年文明史上的重要地位。

二、《论语》英译的概述

英国传教士理雅各（James Legge）翻译的《论语》于 1861 年发表在香港出版的《中国经典》第一卷。这是一个影响深远的译本。理雅各本人热爱中文，并且精通中文，他多年研究中文，他的著作在西方汉学界影响深远。理雅各的《论语》英译本以通行的《四书集注》为底本，首次使用 *The Confucian Analects* 这一表述作为《论语》英文译名，让英文阅读者充分了解与感知东方哲学和中国的灿烂文化。理雅各的翻译采取较多的直译，在许多地方甚至坚持逐字逐句翻译。这样的翻译对于外国人而言，自然很难理解，但从另一方面保留了原文的内涵。

比利时传教士柏应理（Philippe Couplet）1687 年编译了《中国哲学家孔子的道德哲学》，也称为理氏翻译或者理译。理氏翻译成了后来所有学者翻译《论语》的范本，因为理氏翻译有中文和英文相互对照内容，从章节到文字都有详细的注释，这些注释主要解释文本的主题和必要的名词。理氏翻译强调使用书面语言，喜欢使用复句和优雅的维多利亚英语进行翻译，并力求忠实和全面翻译，不管翻译的篇幅长短。理氏翻译的注释、介绍和索引占据了很大的空间，其翻译策略相当于阿皮亚（K.A.Appiah）曾经提出的深度翻译法，即采用注释法对原文进行深入解释和翻译。然而，当理雅各翻译《论语》中的文化负载词时，翻译方法并不统一，他采用音译、直译或意译多种组合的方式。

例如，"君子"一词，理雅各分别译为"a man of complete virtue""the superior man""the scholar""the accomplished scholar""the student of virtue"等。他将"小人"译为"the mean man""the small man""obstinate little men"等，将"义"译为"what is right""righteousness just""the duties due to men"等，将"礼"译为"propriety""what is proper""the regulations""the rites of propriety""ceremonies"等。理雅各翻译专有名词"仁"时，译法也较杂乱，如译为"benevolent actions""the good""the virtues proper to humanity""the excellence""virtue"等。

到1950年第二次中西方文化交流结束之前，《论语》英译本共出版了八种，其中英国学者的译本有七种，另外一种是中国学者辜鸿铭的译本。

1898年，辜鸿铭翻译的 *The Discourses and Sayings of Confucius* 在上海出版。辜鸿铭试图用受过教育的英国人表达思想的方式来翻译孔子和他的学生之间的对话。他希望受过教育、聪明的英国人耐心地阅读 *The Discourses and Sayings of Confucius* 这本来自东方的翻译书，激起他们对中国人现有成见的反思，试图纠正外国人对中国人的错误认知。他甚至在书中引用了西方的概念，如将《论语·季氏篇》第十六之八中的"天命"译为"the Laws of God"（"上帝的律令"），用这样的方式帮助外国人加深对《论语》一书的理解与认可。

辜鸿铭翻译的文本结构采用了典型的英语模式，注意保持句子之间的一致性以及稳定而严谨的动宾搭配的空间框架。辜鸿铭的语言优美、准确、富有哲理。与理雅各的翻译相比，辜鸿铭的翻译并不是对原文完全忠实，而是在原文基础上的一种创造性的翻译。他将自己对儒家哲学的理解引入翻译，引用西方著名作家的语言或采用西方概念来解释原文中的一些概念，使西方读者更容易理解儒家哲学。辜鸿铭的翻译因其西方语言的特点而降低了英语阅读者的阅读难度，受到英语阅读者的欢迎。

辜鸿铭翻译《论语》的缺点在于意译过多，刻意地增加了许多原文中没有的内容。此外，他删除了原文中出现的几乎所有的中文名称和地名。例如，在《论语》中，他只保留了颜回和仲由的名字，并用"孔子的一个弟子"或"另一个弟子"来指代孔子的其他弟子。这种方式只会大幅降低人物形象的张力，但是人物形象的生动刻画与人物之间的互动是《论语》的亮点所在。

其他国家的学者如庞德（Ezra Pound）、利斯（Simon Leys）、白牧之（E.Bruce Brooks）、森舫澜（Edward Slingerland）、安乐哲（Roger T. Ames）等也曾经尝试翻译《论语》。

庞德译本的《论语》于1950年首次在《哈德逊评论》上发表。庞德在第二次世界大战期间和第二次世界大战前后翻译了一些儒家经典。他的翻译目的是在西方社会传播儒家思想，以挽救当时的社会危机。为了让西方读者接受儒学，他的翻译趋于归化倾向。庞德在翻译中运用了异化策略，试图把握翻译的本质、理解重要内容。他认为有些译者在翻译时会把一切都考虑进去，但没有考虑到作者在原语中的意图。庞德自己的汉语水平不高，但有自己独特的理解方式（如拆繁体字）。他充分发挥译者的主观性和创造性，这也符合他一贯的"翻译是再创造"的思想。

1997年，*The Analects of Confucius* 一书由美国诺顿出版社出版发行，该书源于利斯译制，翻译精美。利斯是一名澳大利亚籍比利时汉学家，孔子在他的心目中是凡人也是伟大的思想家。在这本书的引言中，他指出，作为一个外国人，他参与这一中国经典名著翻译的主要优势是可以毫无偏见地阅读这本书，不带有对孔子以及儒家的任何看法，做到客观地翻译作品，就好像这是一部全新的作品。

利斯翻译《论语》注重孔子及其弟子的人物的个性传递，避免了历史上的孔子与《论语》诸多译本之间的形象刻画区别，采用了自然主义和传统主义的文本观点。他也在《论语》文本和英语读者之间的关系上达成了妥协，因此专门用现代英语表达了原文，将"圣人"译为"saint"。

利斯的翻译是"两条腿走路"，既包含译文，又包含二部分注释。他的注释中引用了大量西方文化名人的名言，包括柏拉图、帕斯卡、斯坦达尔、尼采、奥勒留、康德、叶茨、赫拉克利特等人的语录。

森舫澜译本于2003年在美国发表，他将《论语》译为 *Analects*。森舫澜专注于《论语》的翻译，参考了许多《论语》的译文和许多关于孔子理论的著作，因此他的理解更为深刻。在序言中，他说他想向欧美读者展示一个真正的孔子。他认为，中国传统上使用大量的儒家讲义、经典和笔记来解释孔子的相关学说，因此，他的译文附有大量的评注和推荐大量的参考文献，甚至这些的体量几乎是译文的几倍。他意识到，为了让欧美读者理解极其丰富的语境，必须将一些解释权归还给读者，允许读者在提供的各种解释中进行选择。他认为，有详细注释的翻译不仅能解释字面意思，而且能解释真正的内涵，使读者更好地理解原文。森舫澜的翻译严谨，属于学术翻译，但采用通俗易懂、行文规范的现代英语，语感流畅，极具吸引力。

到 2010 年为止，已经出版的《论语》英译本（包括节译本）已达到 40 多种，《论语》成了仅次于《道德经》的风靡西方的中国典籍作品。

三、《论语》英译翻译策略对比研究

英国汉学家亚慧·韦利的译本，*The Analects of Confucius* 于 1938 年出版发行。韦利的《论语》译本特点是比较通俗易懂，文字比较简练，接近原文风格。理雅各译本的出版发行时间较早，并且是一个影响深远的译本。本文将就两种译本，从对原文的理解和思想内容的把握以及对原文语言风格的整体把握方面进行比读，以期找出两种译本存在的差异，并试图探寻探其内在原因。

（一）对原文的理解和思想内容的把握

译者能否充分理解原文对最终翻译质量有很大影响。如果译者不能正确理解原文的语义和思想内容，最终呈现的翻译作品就必然不能正确传达准确的原文信息。翻译是一个相对的概念，是从语言世界观到另一个世界观的转换，这种转换离不开各种变化。

孔子的《论语》距今已经有两千多年的历史，如果我们想把它翻译成现代英语，它必然会发生意义变更。翻译是从一个文本转向另一个文本的过程，文本的语义结构和句法结构会相应地发生变化，这不是由译者的意愿来传递的。然而，译者可能会努力将这两种变化控制在合理或适当的程度。在古文英译过程中，我们应始终追求翻译语义的合理性。古代汉语中的字句往往孕育于其独特的历史背景和语境。在许多情况下，它们的语义（甚至包括语气）必须经过仔细思考、引申、扩展，甚至充分推敲，才能被揭示，最终展现于读者面前。

例一

原文：子曰："巧言、令色、足恭，左丘明耻之，丘亦耻之……"（《论语·公冶长篇第五》）

理译：The Master said, "Fine words, an insinuating appearance, and excessive respect, Zuo Qiuming was ashamed of them, I am also ashamed of them..."

韦译：The Master said, "Clever talk, a pretentious manner and a reverence that is only of the feet, Zuo Qiuming was incapable of stooping to them, and I also could never stoop to them..."

首先必须明确，原文中的"巧言""令色""足恭"三词分别指"花言巧语""伪善的容貌""十足的恭敬"。分析理译和韦译的主要区别，也应该从"足恭"的翻译表达上加以分析。

理译将"足恭"译为"excessive respect"，可谓准确而具有艺术性。"excessive"一词有"exceeding a normal, usual, reasonable, or proper limit"的含义，恰如其分地表达了原文"十足的恭敬"的意义。

再看韦译，其将"足恭"完全按字面意义，采取直译的方式，简单理解为"对足的恭敬"，导致最终译成了"a reverence that is only of the feet"，完全未尊重其真实含义，翻译的结果也实在令人费解。

例二

原文：子曰："三军可夺帅也，匹夫不可夺志也。"（《论语·子罕篇第九》）

理译：The Master said, "The commander of the forces of a large state may be carried off, but the will of even a man cannot be taken from him."

韦译：The Master said, "You may rob the three armies of their commander-of-chief, but you cannot deprive the humblest peasant of his opinion."

在古代汉语中，"匹夫"一词并非指"农民、农夫"，而是指"平常人"或者"无学识、无智谋的人"。显然，这里"匹夫"指的是"平常人"的意思。

韦译将"匹夫"译成"the humblest peasant"，将其等价理解为"农夫"，与原文意思不符。而理译为"a man"，则更准确，表达更到位。

另外，两人对"匹夫不可夺志也"中的"志"也有不同理解。"志"为"志向、意志"之意。理雅各将"志"译为"will"（意志），韦利将"志"译作"opinion"（主张）。显然，理译更符合原文本意。

例三

原文：子曰："已矣乎！吾未见能见其过而内自讼者也。"（《论语·公冶长篇第五》）

理译：The Master said, "It is all over! I have not yet seen one who could perceive his faults, and inwardly accuse himself."

韦译：The Master said, "In vain have I looked for a single man capable of seeing his own faults and bringing the charge home against himself."

孔子的这句话翻译成现代汉语是："罢了罢了！我还没有看见过能够看到自己的错误而又能从内心责备自己的人。"这个"罢了罢了"，是孔子因自己尚未见到这样的人而发出的叹息，而不是"一切都完了"的意思。

理译误解了原意，"It is all over"这种翻译是对"已矣乎"的误解，韦译则翻译得十分地道。韦译将原文"已矣乎"的叹息口吻以"in vain"这个表达引出的倒装句体现出来，可谓匠心独具。

（二）对原文语言风格的整体把握

《论语》记载了孔子的言行，以促进孔子的道德操守、政治思想和哲学思想的进一步宣扬。它主要采用简练的短文语录体裁，使用概念化的语言，简短全面，表达了丰富的内涵，正如孔子所说："辞达而已矣。"① 同时，《论语》在选词、造句、修辞等方面都达到了很高的水平，这给该书的翻译带来了很大的挑战。文学作品应该是一个完整的有机体，情感思想和语言风格应该是保持一致的，无论是表层的文字表述还是深层蕴含的思想感情都必须忠于原文。

接下来，笔者就语言风格的整体把握，探索理译和韦译的差异。

例四

原文：子曰："学而时习之，不亦说乎？有朋自远方来，不亦乐乎？人不知而不愠，不亦君子乎？"（《论语·学而篇第一》）

理译：The Master said, "Is it not pleasant to learn with a constant perseverance and application？ Is it not delightful to have friends coming from distant quarters？ Is he not a man of complete virtue, who feels no discomposure though

---

① 南怀瑾. 论语中的名言[M]. 上海：上海人民出版社，2014.

men may take no note of him？"

韦译：The Master said, "To learn and at due times to repeat what one has learnt, is that not after all a pleasure？ That friends should come to one from afar, is this not after all delightful？ To remain unsoured even though one's merits are unrecognized by others, is that not after all what is expected of a gentleman？"

这是《论语》的开篇之语，在原文中出现了三个反问句，这种表达形式是《论语》作者专门准备的。

理译将《论语》中的三个反问句予以保留，以简练语言翻译（仅46个单词），也最独特。这说明理雅各翻译时，必然已经认识到《论语》的语言特色就是精简、针对性强、概括性强。

韦译关注文章的行文方式，也过于受制于原文，这必然导致译文头重脚轻的问题，违反了英文行文的尾重原则，造成译文较长（用了五十八个单词），读者阅读不畅，而且欠连贯。

此外，韦译还添加了"at due times""after all"等，虽然这是原文没有的，但是添加之后更为合理。

例五

原文：子曰："不患人之不己知，患不知人也。"（《论语·学而篇第一》）

理译：The Master said, "I will not be afflicted at men's not knowing me. I will be afflicted that I do not know men."

韦译：The Master said, "(The good man) does not grieve that other people do not recognize his merits. His only anxiety is lest he should fail to recognize theirs."

理译的翻译方式看似工整简洁，但是必须明确翻译作品首先应该保证能直接传达出作者的想法，而不是因为译者过分追求简洁而导致译文失真。原文中的"人之不己知"和"不知人"译为"men's not knowing me"和"I do not know men"，这显然与原文意义相去甚远，甚至与原文意义相反，仍然需要对译文进一步加以明晰化。

韦译针对原文中的"人之不己知"和"不知人"的说法，凭借自己的理解加以诠释，另外其对两个"患"字的处理十分贴切、灵活，没有简单重复"grieve"一词，而是符合英语的表述习惯，通过变换词性，将第二个"患"字译为名词"anxiety"，这一动一静两个单词，充分体现了古典作品英译句子的多样化。韦译运用多种句法手段避免可能出现的重复，改变重复单调的印象。

古汉语往往行文简练，呈现出块状结构的突出特点。在块状结构下，句子的内在层次与逻辑关系难以简单直述翻译，往往需要译者凭借自己对翻译内容的理解，这样才有可能传达出隐含着的诸如主从、连接、递进等句篇内各成分之间的固有关系。

例六

原文：子曰："吾岂匏瓜也哉？焉能系而不食？"（《论语·阳货篇第十七》）

理译：The master said, "Am I a bitter gourd？ How can I be hung up out of the way of being eaten？"

韦译：The master said, "Am I indeed to be forever like the bitter gourd that is only fit to hang up, but not to eat？"

此处，孔子以"匏瓜"自比，"匏瓜"指的是自己并不是只能挂着让人看而不能吃的苦的瓜。原文中采用了一些隐喻的方式，即"甲就是乙"的表达方式。

相对于明喻，这样的表达方式增添了一种意境，引发了读者的形象思考，可以引导读者深入发掘其中的隐含意义。在这个隐喻中，本体为孔子，而喻体为"瓠瓜"，此处实际上有趣生动地表现出孔子个人"仕而得禄"的愿望。

在此段的翻译中，理雅各和韦利的译文虽然存在着处理方法和结构上的差异，却有异曲同工之妙。理雅各译文为两句话，仍以隐喻译隐喻，韦利则直接将原文的两句话浓缩为一句话，将隐喻转化为明喻。这两种译文都能在英语读者头脑中引发相同联想。

《论语》的不同英译本出于不同的翻译目的，存在不同的读者，应用不同的翻译策略，以各自不同的方式，表达了原文精细而复杂的内涵和其中蕴含的道德力量。当然，无论是谁的翻译都既存在优点也存在缺陷，国内外的专家学者从未停止这方面的探索，这对提高《论语》的翻译质量并非无益。

20世纪90年代以来，《论语》英译在中国和西方都达到了一个新的高潮。

我们相信，随着中国文化在世界各地的广泛传播，将有越来越好的《论语》英译版本面世，与原著相辅相成，从而丰富和深化对《论语》的理解和阐释，更好地向世界传达孔子的伟大思想。

第二节 《庄子》翻译策略比较

一、《庄子》简介

《庄子》（又称《南华真经》）是庄子及其后人所著，其中著名的文章《逍遥游》《齐物论》等主要反映庄子所倡导的哲学、艺术、美学以及人生观、政治观等。《庄子》可以分为三个部分：内篇、外篇、杂篇。《庄子》原书共有52篇，现存33篇，其中包含二百多则寓言故事。这本书博大精深，具有强烈的浪漫色彩，详细论述了宇宙、人与自然的关系以及生命的价值。该书以"寓言""重言"和"卮言"为主要表现形式，在继承老子的理论的基础上，捍卫相对主义，蔑视权贵礼法，追求自由。《庄子》被誉为"文学的哲学，哲学的文学"[1]，是中国古代经典名著中的瑰宝。

二、《庄子》英译概述

《庄子》的对外传播经历了先东方、后西方的过程。《庄子》对古代和近现代的日本都产生过巨大影响。据《日本书纪》（720）记载，显宗登基（485）时候的述怀已经有《庄子·逍遥游》的引文，说明《庄子》早在5世纪末就已传入日本。

西方接受《庄子》则晚了许多。直到19世纪末，由巴尔福（Frederic Henry Balfour）翻译的《庄子》的第一个英译全译本才传入西方。该译本取名《南华真经——道家哲学家庄子的著作》（*The Divine Classic of Nan-Hua:Being the Works of Chuang Tsze, Taoist Philosopher*）。

20世纪迎来了《庄子》英译的高潮。《庄子》英译真正走向成熟和繁荣是在1980年前后。《庄子》英译在先前的基础上继续完善，并且风格多样化，其

---

[1] 颜世富. 东方管理学[M]. 北京：中国国际广播出版社，2000.

中，比较有影响力的是理雅各、林语堂、沃森、葛瑞汉的《庄子》英译本。接下来本文将对理雅各、林语堂、葛瑞汉几人的《庄子》英译本加以介绍。

(一) 基于直译的理雅各译本

作为道教文化的一部分，《庄子》一书对于了解中国的思想渊源起到重要的奠基作用。理雅各作为近代英国著名汉学家，也是第一个系统研究和翻译中国古代经典著作的人。为了追求忠实和准确，理雅各经常使用直译，甚至在许多地方选择采用逐字翻译的方法。这样的翻译虽然忠实原文、准确还原原文，但通常令普通读者费解，影响其阅读流畅度。当然，译文最大程度地保留了原文的意蕴。

理雅各作为第三名翻译《庄子》一书的西方人，研读并在一定程度上参考了巴尔福和翟理斯的译本，对道教思想、原文主题、疑难之处以及原文中涉及的人物、动物、植物和场所进行了详细的考证和分析。除正文外，译文附有长篇前言、引言、各章小结、注释、附录、索引等，甚至一个单篇译文中有多达1141个脚注。理雅各探索了道教基本概念的英译，如"道""法""天""地"等，提倡以音译加意译的方法来翻译这些概念。他明确反对把"道"翻译成"nature"一词，认为尽管"nature"这个词容易理解，也可以将其用在一些单词和句子中，但"道"的本意并非如此，这样的翻译本质只能使对老庄哲学思想的解读出现歧义。

当然，理雅各的翻译并非完美无缺。在翻译《庄子·逍遥游》第八段"此虽免乎行，犹有所待者也"时，理雅各将其处理为"but though he had not to walk, there was still something for which he had to wait." "等待"是指客观条件和客观可靠性。只有尊重自然，人们才能达到"无待"的境界，即忘我的境界，从而逍遥以游，获得精神上的完全解放。理雅各把"待"译作"to wait"，偏重"等待"之意，显然对文字的翻译产生了一定的偏差。

(二) "忠、顺、美"为标准的林语堂译本

林语堂一生致力于东西方文化的引进和传播。自20世纪20年代末以来，他一直致力于传播中国文化，翻译中国古代经典名著以及各种中国古代文学作品和艺术理论。《庄子》一书博大而深邃，玄妙而难懂，但又文辞优美，富有诗情画意。

林语堂始终信奉翻译是一门艺术，始终坚持捍卫翻译的忠实、通顺和美

感。他认为理想的译者应该把自己的作品视为一门艺术，热爱它，谨慎细致地对待它，使翻译成为一种艺术形式。林语堂在翻译中正确地运用了显译和隐译，既体现了庄子深厚的道家哲学思想，又不失原文的文辞瑰丽。其翻译准确、流畅、清晰、精悍，既突出了原文的文化特征，又使译文顺利地被目的语读者所接受。

《庄子》的原文提到了许多中国古代的地名、国家的封邑名、历史时期、皇室头衔、人名、物名以及宗教和传统习俗。林语堂通过造新词、组新词等方式逐字逐句翻译。例如，他将"黄帝"译为："Yellow Emperor"，将"尧"译为"Emperor Yao"，将"邯郸"译为"Hantan"，"鲁国"译为"Lu State"，将"春秋"译为"Spring and Autumn"，将"三王"译为"Three Kings"。

《庄子》的原文句子简洁、短小，文风恢弘大气，运用了对偶、排比等修辞手法。这是中国古代文法特有的特点。为了使译文读者真正感受到原文的表达特点，林语堂巧妙地对其进行了明确的处理。

例如，"为善无近名，为恶无近刑。"（《庄子·养生主》）这一句运用了对偶的修辞方法，林语堂将其译为："In doing good, avoid fame. In doing bad, avoid disgrace."该译文较为完整地保留了原文的修辞形式。林语堂运用隐性的翻译方法来改善原文语言难点，即通过释义来复制它们在原文中的功能，异曲同工地还原了《庄子》蕴含的节奏韵律之美。

（三）译者为主体的葛瑞汉译本

1981年出版的葛瑞汉版本《庄子·内篇》是《庄子》已出版的译本中选译得最多的。葛瑞汉是20世纪英国著名的汉学家，翻译了《庄子》《列子》及唐朝后期的诗歌，撰写了大量关于中国古代语言、哲学和诗歌的专著和文章。

在《庄子》众多的译文中，葛瑞汉的翻译相对独特，主要是因为他在翻译和注释《庄子》时，作没有遵循传统的注释范例，而是根据其独特的用语、语法、哲学术语、相关论题。通过逐段分析，他依照《庄子》的人物和题材将《庄子》分为四类，如图3-1所示。

```
         01 ─── 庄子学派的作品
         02 ─── 原始主义者的作品
《庄子》分类
         03 ─── 杨朱学派的作品
         04 ─── 杂家的作品
```

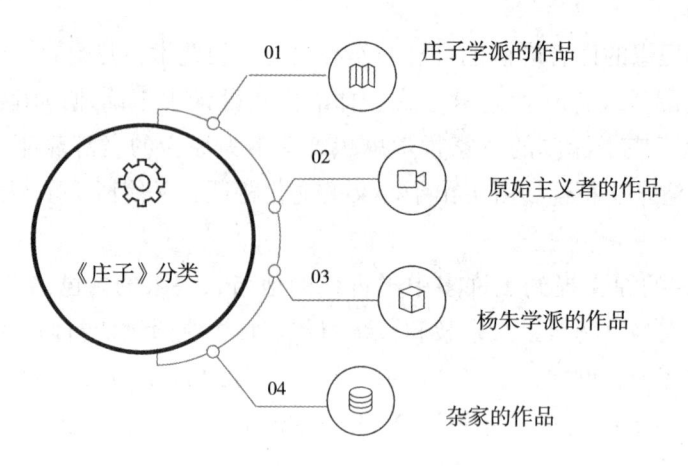

图 3-1 《庄子》分类

他认为《内篇》和《杂篇》的一部分是庄子本人的作品，因此，他将原文的长度缩短了近五分之一，重新安排了译文段落的内容和顺序，并增加和删除了《庄子》的某些段落。例如，《杂篇》中的一些章节用于补充《内篇》中明显不完整的《养生主》。因此，有学者认为葛瑞汉的翻译强调了译者的主体性。内容的安排、翻译顺序、翻译注释甚至整个译文的布局都反映了葛瑞汉对文本各个方面的独特理解。

葛瑞汉翻译的另一个特点是坚持"以散译散，以韵译韵"的原则，力求再现原文形式。例如，"大知闲闲，小知间间；大言炎炎，小言詹詹"（《庄子·齐物论》），葛译为："Great wit is effortless, petty wit picks holes. Great speech is flavourless, petty speech strings words."葛瑞汉传达的不是诗歌的"韵"，而是由"韵"引起的节奏和停顿。简而言之，葛瑞汉的翻译侧重于思想性和考据，其翻译译文主要面向专家，而非普通读者。

（四）传神达意的汪榕培译本

汪榕培翻译的《庄子》也是颇具影响力的译本之一。汪榕培是中国著名古典文学翻译家，曾翻译过《老子》《墨子》《周易》《诗经》《汉魏六朝诗词三百首》等经典著作。为了传达《庄子》精神和意义，汪榕培在将《庄子》译成英文时，坚持汲取众多翻译家的长处，并将其融于流畅的英语中，再现原作的真实魅力。汪榕培采取了有原则的、灵活的翻译策略，尽量做到逐字翻译。对于直译不能表达原文全部内涵的，进行适当解释。汪榕培在处理具有深层隐喻意义的典故时，通常将人名和物名直接翻译，并对与之相关的典故采取直译与释义相结合的方式。汪榕培的翻译目的是让目标读者记住具有中国特色的人物形象，以及了解特定情况下语言文化的深层含义。因此，他的翻译既体现了原文的"中国味"，又力求忠实再现原文的艺术意境。

例如，"天下莫大于秋毫之末，而太山为小；莫寿乎殇子，而彭祖为夭。"（《庄子·齐物论》）这句话中"太山"具体指中国的泰山，"彭祖"为传说中的寿星。汪译为："There is in the world nothing greater than the tips of the downs of a bird in autumn while Mount Tai is tiny. There is no one who lives longer than a dead baby while Peng Zu, who lived over 700 years, died young." 译者针对"太山"和"彭祖"这两个概念，一个进行具体化，一个进行增译，以便目标语言的读者可以直观地理解这一哲学陈述的意义。

从以上例子可以看出，汪榕培在古籍英译中引入了翻译"传神达意"的概念。他的《庄子》英译不愧为当今中国古籍英译的明珠之一。

三、《庄子》英译翻译策略对比研究

本文将通过对沃森和汪榕培《庄子·逍遥游》英译本进行三个方面的对比研究，探讨两种译本之间的差异，如图3-2所示。

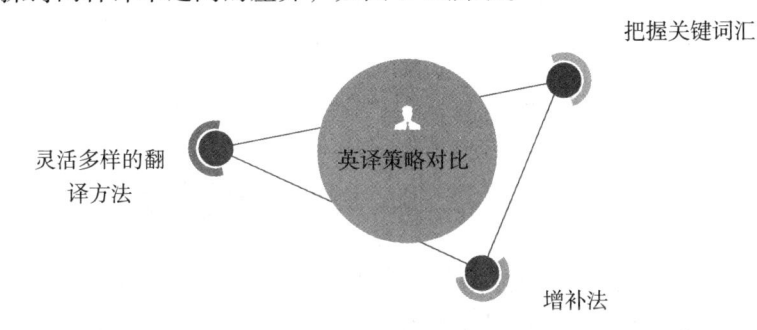

图 3-2 英译策略对比

（一）把握关键词汇

例一

原文：逍遥游

沃译：Free and Easy Wandering

汪译：Wandering in Absolute Freedom

《庄子》哲学思想的有效呈现是在翻译过程中必须解决的问题，庄子"无为"的哲学观点，需要译者着重翻译。其中，关键词的翻译是重中之重。"逍遥，无为也……古者谓是采真之游。"（《庄子·天运》），逍遥的翻译应侧重于分别表达"自由"和"悠闲、不拘束"的含义，并保留原文的动态性。

汪译将"逍遥游"翻译为"Wandering in Absolute Freedom"，强化了原始的自由和悠闲之感，其中蕴含无限的动力。

沃译用"free"和"easy"谐音反映了"逍遥"这个词的音响效果，短小而有趣。汪译选用的"absolute freedom"使得"逍遥"的意义更加深刻。

如果无法深入挖掘关键词，翻译可能会扭曲这些词在原文中的作用，导致翻译不如原文深刻或语义内容超出原文，使目标读者无法正确理解原文意图。

具有丰富内涵的经典作品的翻译应该以恰当的方式进行。相比之下，理雅各把"逍遥游"译作"Enjoyment in Untroubled Ease"，这显然失去了"自由"的含义，可以说只准确传达了原文语义内容的一半。此外，具有静态意义的名词短语的使用也未能传达"逍遥游"的动态意义。

（二）增补法

翻译要经历两个过程：理解和交流。在理解的过程中，译者以原作者为中心，试图理解原作者所说的话以及他是如何说的。在交际过程中，译者关注的焦点是目的语的读者，并试图告诉他们原作者说了什么。然而，由于源语言和目标语言之间的差异，这并不容易实现。它需要译者的灵感和责任感，以及翻译技巧。

《庄子》的翻译也是中西方文化交流的过程。虽然原作者和译者生活在不同的地区和时代，属于不同的社会，具有不同的观念和语言体系，跨文化交际是在人类共同特征的基础上进行的，这种共同特征反映在语言中，即翻译是可能的，但是译者必须采取适当的措施，如补充和解释。鉴于汉语和英语属于不同语系，古代汉语又有独特的语言特征，二者存在文化体系之间的差异。

古代汉语主要依赖意义或逻辑关系来连接语言成分，具有独特的语言特点，而英语主要依靠语法和其他语言形式来连接语言成分，即英语形合比意合更重要，古代汉语意合比形合更重要。为了使表达的意思更清楚，翻译必须适当地补充古代汉语原文中缺失的语义成分和一些语法成分。沃译和汪译在翻译中都正确地使用了这一增补法。

例二

原文：夫子立而天下治，而我犹尸之，吾自视缺然。请致天下。(《庄子·逍遥游》第九段)

沃 译：If you take the throne, the world would be well ordered. I go on occupying it, but all I can see are my failings. I beg to turn over the world to you.

汪译：If you take the throne, the world will be in good order. Yet I am still now vainly occupying the place and I consider myself inadequate. Please allow me to hand over the empire to you.

沃译和汪译均选择增加连词"if"，都在明确了陈述内容所需条件后，使原文根据文意中产生的语态，以及文章的连贯性，以一种译文读者熟悉的方式传递出来。"I beg to turn over the world to you."和"Please allow me to hand over the empire to you."中分别填补了原文中略而不提的补语成分"to you"。

(三) 灵活多样的翻译方法

在《庄子》的翻译中，意见差异较大的是应该意译还是直译，这一问题一直是译者和学者们讨论的问题。意译往往会使原概念的文化内涵消失，直译有时会使读者感到阅读较为困难。为了准确地表达，译者通常使用灵活多样的翻译方法。如果可以直译，则直接翻译或直接注释；如果不能直译，则选择意译。

例三

原文：北冥有鱼，其名为鲲。鲲之大，不知其几千里也；化而为鸟，其名为鹏。鹏之背，不知其几千里也……(《庄子·逍遥游》)

沃译：In the northern Darkeness there is a fish and his name is Kun. The Kun is so huge that I don't know how many thousand li he measures. He changes and becomes a bird whose name is Peng. I don't know how many thousand li the back of the Peng measures.

汪译：In the North Sea, there is kind of fish by the name of Kun, whose size covers thousands of li, the fish metamorphoses into a kind of bird by the name of peng whose back covers thousands of li.

在中国古代传说中，鲲是一种大鱼，鹏是由鲲变成的大鸟，又称鲲鹏。这本是中国的传说，因此，在英语中找不到相应的词。

沃译和汪译均采取直译的方法，以汉语拼音的形式翻译，并说明"鲲"和"鹏"是一种中国独有的鱼和鸟。事实证明，直译"Kun/kun"和"Peng/peng"，完全能让外国读者了解其为何物。在译句中适当使用比喻手法并加入简短解释性成分，是古典散文翻译的另一种必不可少的手法，它可以弥补由文化差异造成的空白，使译文易于理解。

例四

原文：肩吾问于连叔曰："吾闻言于接舆，大而无当，往而不反。吾惊怖其言，犹河汉而无极也；大有径庭，不近人情焉。"（《庄子·逍遥游》）

沃译：Chien Wu said to Lien Shu, "I was listening to Chieh Yu's talk—big and nothing to back it up, going on and on without turning around. I was completely dumfounded at his words—no more end than the Milky Way, wild and wide of the mark, never coming near human affairs."

汪译：Jianwu sought for advice from Lianshu, "I heard Jieyu telling tales, impressive but fantastic, never coming to the point. I was confounded by his words—boundless as Milky Way and quite unreasonable."

原文画线部分中的"大有径庭"如选择直译，恐怕远不及沃译和汪译使用比喻手法的效果。从上面的例子我们可以看出，单纯直译不能表达源语全部内涵时，可以采用比喻手法，适当加入简短解释性成分，使译文一气呵成。这样一方面可以读出庄子"不言之言"，另一方面也能读懂庄子"言下之意"，使庄子哲学思想内涵展现在译文读者面前。

好的译文是中华文明典籍通向西方的可靠桥梁，一个综合素质高的译者是一个肩负重任的文化大使。翻译对译者来说是非常严格的，译者不仅需要具备掌握两种语言的能力、丰富的专业知识、良好的文化修养和丰富的实践经验，更需要拥有科学智慧和一颗炽热的艺术之心。

理雅各多使用直译法，力求保留原著的思想，并对《庄子》进行了详尽考证和辨析，理译是标准的"学者型翻译"。林语堂的翻译恰当地运用了显性翻译与隐性翻译并用的方法，使译文具有忠实、通顺、清晰、意美的特点。沃森使用流畅的现代英语，博采众长行文优雅，通俗易懂，体现了当代西方译者的翻译理念。葛瑞汉削减了原文近五分之一的篇幅，重新安排了译本的篇目次序及段落顺序，并增删了《庄子》的一些段落。其译本的确体现了"译者本人对文本各个方面的独特见地，带有触目可见的译者操控痕迹"。汪榕培提倡翻译要"传神达意"，其中"达意"是翻译的基础，"传神"是在"达意"基础上的锦上添花。

第三节 《墨子》翻译策略比较

一、《墨子》简介

《墨子》是３由墨子及其弟子后学共同编著的著作。它是西汉时期由刘向整理成集，后由东汉史学家班固重新编辑。《墨子》共71章，但六朝以后逐渐失传，宋代只剩下62章，清代只剩下53章，而且许多章节顺序是错误的，这都给后世翻译工作造成了一定的困难。《墨子》一书包含的内容广泛，涉及政治、军事、哲学、伦理学、经济学、逻辑学、科学技术等，是研究墨子及其后学的重要史料。

《墨子》是中国古代经典中的一部重要著作，主要体现了墨子的十大主张：兼爱、非攻、尚贤、尚同、节用、节葬、非乐、天志、明鬼、非命。他的主张以"兼爱"为核心，倡导博爱，以"尚贤"为重点，认为"尚贤"是参与政治的前提与基础，这种平等思想直接影响宗法世袭制，是对世袭制的强力冲击。"兼爱"（爱所有人）是墨子的基本思想观点，即把孔子的思想体系加以转换，强调无差别地爱社会中的每一个人，从中衍生出他的其他主张（如非攻、节用、节葬、非乐等）。这些思想是从普通人的立场出发，以战国时期的政治形势为基础的一系列政治理论，具有一定的进步意义。《墨子》的文本清晰明了，采用简单明快的论述方式，短小精悍，生动活泼，浅显易懂，但对于现代读者来说，阅读和理解仍存在一定的困难。

二、《墨子》英译概述

《墨子》作为一部中国经典典籍，很早就受到了西方英语世界的关注。但由于《墨子》自身的不完整和翻译难度较大，学者们大多选择对《墨子》进行摘译、选译或节译。到目前为止，一共有九个《墨子》英译节选本、三个《墨子》英译全译本出版，如图 3-3 所示。

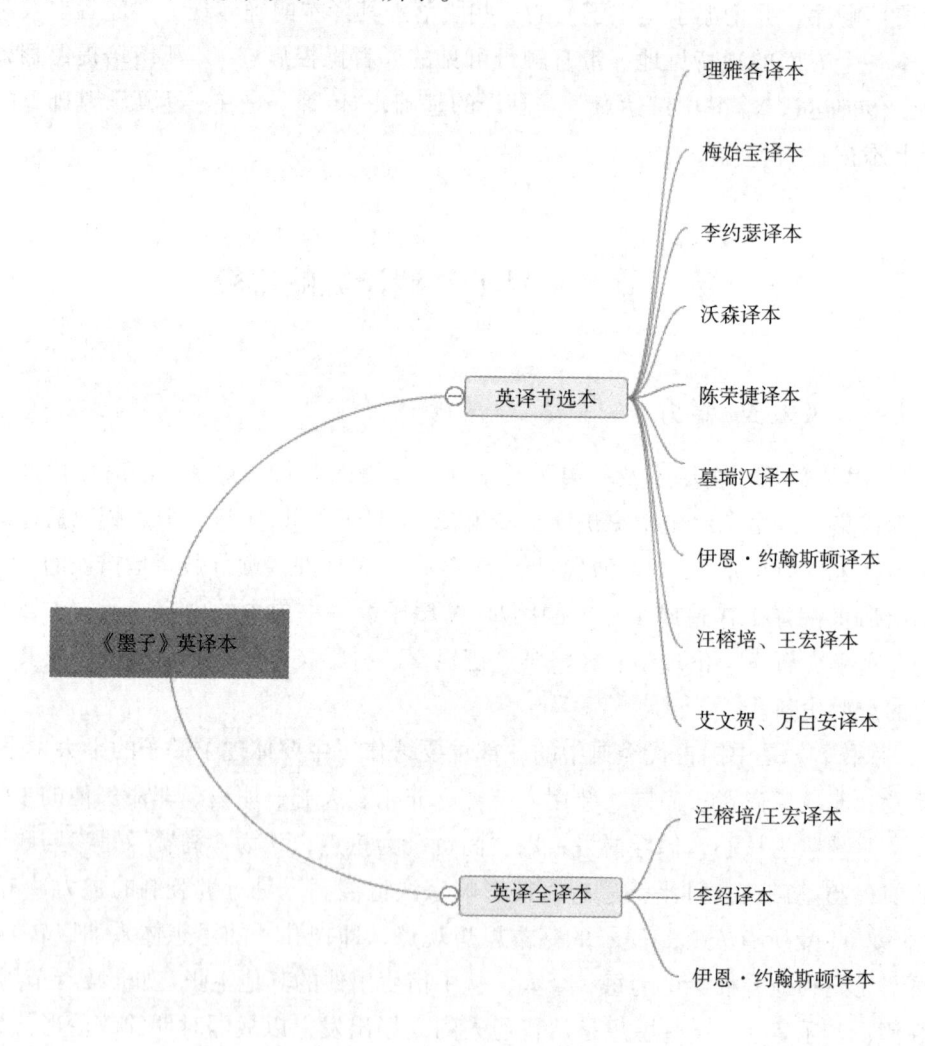

《墨子》英译本
- 英译节选本
  - 理雅各译本
  - 梅始宝译本
  - 李约瑟译本
  - 沃森译本
  - 陈荣捷译本
  - 墓瑞汉译本
  - 伊恩·约翰斯顿译本
  - 汪榕培、王宏译本
  - 艾文贺、万白安译本
- 英译全译本
  - 汪榕培/王宏译本
  - 李绍译本
  - 伊恩·约翰斯顿译本

图 3-3 《墨子》英译本

英国的理雅各是西方英语世界最早开始尝试翻译《墨子》一书的学者，他曾经选译了《墨子·兼爱》上、中、下三章。1927年，梅始宝选译了《墨子》中的三十六篇。1956年，英国的李约瑟（Joseph Needham）在《中国科学技术史（第二卷）》中收录了《墨子》部分片段的翻译。1963年，哥伦比亚大学教授沃森（Burton Watson）选译了《墨子》现存五十三篇中的十四篇，他的译文一方面忠实于原文，另一方面具有可读性和极高的艺术欣赏价值。1963年，美国汉学家陈荣捷著写了《中国哲学资料》一书，书中选译了《墨子》的《兼爱》（中）、《天志》（上）、《非命》（上）等篇章。英国汉学家葛瑞汉（A.C.Graham）在1978年出版的《后期墨家的逻辑学、伦理学和科学》一书中节译了《墨子》中的六章，并且在对这六章的术语和句型进行研究的基础上，重构了一个新的《墨子》文本。2011年，汪榕培、王宏的《英译墨经》翻译了《经》（上）、《经》（下）、《经说》（上）、《经说》（下）、《大取》、《小取》共六章。

《墨子》英译全译本目前为止只有三部。2006年，汪榕培和王宏完成第一个《墨子》英译全译本。该译本耗时两年半。两位译者阅读并参考了十余种《墨子》版本和译本，以及关于墨子的著作和论文，同时大胆结合已经对墨子的研究，加以考证和深入理解，完成了第一本全译本。

2009年，美籍华人李绍出版了《英译墨子全书》，也这是《墨子》的第二部英译全译本。李绍译本侧重于展现《墨子》的原貌，较多地采用直译法。

2010年，《墨子全译》由伊恩·约翰斯顿完成，这本书也是《墨子》的第三部英译全译本。该译本在排版时将原文和译文进行分页处理，目标读者为英文水平较高的读者。

三、《墨子》英译翻译策略对比研究

本文将重点考察汪榕培、王宏译本的翻译策略，并与流传较为广泛的梅始宝译本和沃森译本做比较，分析《墨子》不同的英译翻译策略及采用这些策略的原因。主要的英译翻译策略有以下几种（图3-4）。

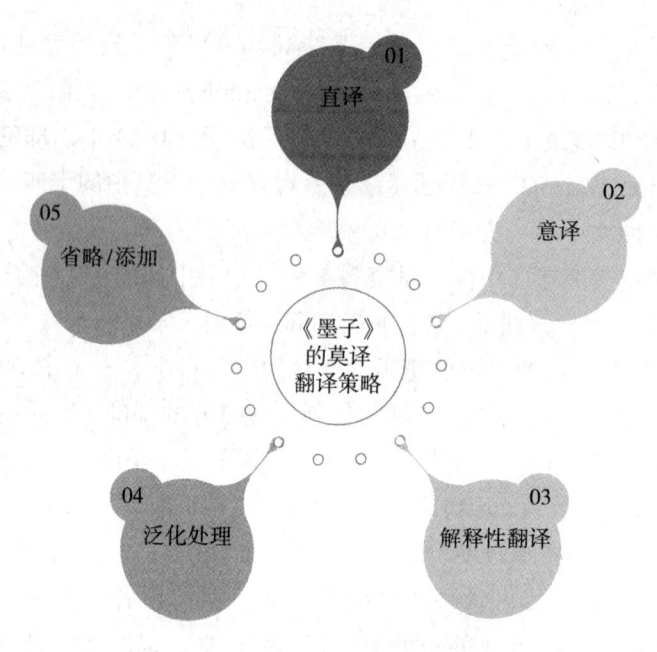

图 3-4　《墨子》的英译翻译策略

（一）直译

例一

原文：子墨子言曰："今者王公大人为政于国家者，皆欲国家之富，人民之众，刑政之治。然而不得富而得贫，不得众而得寡，不得治而得乱，则是本失其所欲，得其所恶。是其故何也？"（《墨子·尚贤上第八》）

汪、王译：Master Mozi said, "Now rulers and high officials in charge of the state affairs all wish to see their countries prosperous with a large population, and their jurisdiction to secure order. Yet what they obtain is not prosperity but poverty, not a large population but a small one, not order but chaos. That is to say, instead of getting what they wish to see, they obtain what they dislike. Why is it so？"

梅译：Mozi said, "Now, all the rulers desire their provinces to be wealthy, their people to be numerous, and their jurisdiction to secure order. But what they obtain is not wealth but poverty, not multitude but scarcity, not order but chaos—this is to lose what they desire and obtain what they avert. Why is this？"

汪、王译本选择将"今者王公大人为政于国家者"直接翻译为"now rulers and high officials in charge of the state affairs"。给人直观的感受就是，译文与原文实现了内容和形式上的一致，体现了译者重视原文的慎重态度。梅译则选择将"今者王公大人为政于国家者"翻译为"now, all the rulers"，这种翻译方法原文，简化了原文的内容，与原文匹配度较低。

除此之外，对于"不得众而得寡"这一句，汪、王选译文择直译为"not a large population but a small one"，使译文更加流畅；梅译则为"not multitude but scarcity"，这种模糊的翻译方式使原文的意义发生了改变，最终导致选词不当。

（二）意译

例二

原文：子墨子言曰："今王公大人之君人民、主社稷、治国家，欲修保而勿失，故不察尚贤为政之本也！何以知尚贤知为政本也？"（《墨子·尚贤中第九》）

汪、王译：Master Mozi said, "Nowadays, in ruling the people, presiding over the state affairs and governing the country, rulers and high officials all wish to keep everlasting stability. Yet why do they fail to see that, to realize this wish, the fundamental policy to govern a country is to respect the virtuous and talented？"

沃译：Mo Tzu said, "In caring for the people, presiding over the altars of the soil and grain, and ordering the state, the rulers and high officials these days strive for stability and seek to avoid any error. But why do they fail to perceive that honoring the worthy is the foundation of government？"

在翻译原文中的"主社稷"时，沃森选择采用直译法，将其译为"presiding over the altars of the soil and grain"。"社稷"一词对于了解中国文化的人来说，较容易理解，但是若采用直译法翻译"主社稷"且不加任何注释，对于译文的读者（特别是对中国文化知之甚少的外国读者）来说，了解其真实的含义就较为困难。

然而，汪、王译本放弃直译法，选用意译法将"主社稷"译为"presiding

over the state affairs"，如此翻译使译文明白、畅晓，让读者一目了然。

意译法对于翻译中国经典典籍有着重要的意义。由于时代变迁与文化差异造成了语言之间的差异，翻译需要实现文化信息的传达与转换。中国典籍翻译是为了实现中西方之间的文化交流，通过双方的沟通，提高文化交际的效果。翻译工作者在开展典籍翻译工作时，不能仅仅追求原文和译文表层意义的对等，还要努力挖掘原文的深层意义。

（三）解释性翻译

例三

原文：泰颠来宾，河出绿图，地出乘黄。武王践功，梦见三神曰："予既沈渍殷纣于酒德矣，往攻之，予必使汝大堪之。"武王乃攻狂夫，反商之周，天赐武王黄鸟之旗。(《墨子·非攻下第十九》)

汪、王译：Taidian, a virtuous minister, submitted to the authority of King Wen. The mysterious chart emerged out of the Yellow River. Cheng Huang, the magical horse, jumped from the underground. When King Wu succeeded to the throne, he dreamt of three spirits saying to him, "We have made King Zhou of the Shang Dynasty wallow in wine and sexual pleasures. Go and wipeout him. We will ensure your victory." So King Wu attacked the mad king and replaced the Shang Dynasty with the Zhou Dynasty. And for this Heaven bestowed the royal flag on him.

梅译：Tai Dian then came to be minister to（King Wen）. The charts emerged out of the River and Chenghuang appeared on land. Thereupon King Wu ascended the throne. Three gods spoke to him in a dream, saying, "Now that we have submerged Zhou of Yin in wine, you go and attack him. We will surely let you destroy him." So, King Wu set out and attacked Zhou, and replaced Shang with Zhou. Heaven gave King Wu theYellow Bird Pennant.

沃译：Tai-tien journeyed to pay his respects to the Chou ruler, the river cast up its chart, and the land brought forth the "riding-yellow" beast. King Wu ascended the throne, and in a dream he saw three spirits who said to him, "We have already drowned Chou of Shang in the power of wine. Go and attack him. and we will surely cause you to win victory over him." So King Wu went and attacked him, and replaced the state of Shang with that of Chou, and Heaven presented King Wu with the yellow bird pennant.

梅译和沃译采用音译或直译的方式对原文进行了翻译。但是原文中的"泰"是谁？何为"绿图"？何为"乘黄"？"河出绿图，地出乘黄"有何含义？何为"黄鸟之旗"？这些问题都是读者即便读了梅译和沃译也难以回答的。这些中国特有的传统文化词汇，需要译者在进一步翻译其表层意思的同时，深入挖掘其中蕴含的深层意义。

面对中华传统文化词汇，以往的翻译经验是选用直译法或音译后加注，也可以使用解释性翻译。《墨子》一书文字精练，若贸然采用加注释的方式完成翻译，很可能导致翻译的文本过多，从而影响读者的阅读速度和兴趣。而汪、王译本尝试使用解释性翻译，对"泰巅""河出绿图，地出乘黄""黄鸟之旗"进行依次解释，降低了译文读者阅读的难度，使译文通俗易懂。

（四）泛化处理

例四

原文：故当若天降寒热不节，雪霜雨露不时，五谷不熟，六畜不遂，疾灾戾疫，飘风苦雨，荐臻而至者，此天之降罚也，将以罚下人之不尚同乎天者也。（《墨子·尚同中第十二》）

汪、王 译：The cold and heat would arrive untimely, so would snow, frost, rain and dew. The grain crops would not ripe and domestic animals would not mature. Diseases, epidemics and pestilences would spread far and wide and storms and bitter rains would repeatedly afflict the earth. All these are the punishments that Heaven flings upon those who are not willing to identify themselves with it.

梅译：Thereupon Heaven would send down cold and heat without moderation, and snow. frost. rain, and dew untimely. As a result, thefive grains could not ripen and the six animals could not mature, and there would be disease, epidemics, and pestilence. Now the repeated visitations of hurricanes and torrents are just punishments from Heaven—punishments to the people below for not identifying themselves with it.

梅译将此句中的"五谷"和"六畜"译为"the five grains"和"the six

animals", 并分别加注: The five grains are: ① rice; ② millet; ③ millet of a different variety; ④ wheat; ⑤ soy beans.The six animals are; ① horse; ② ox; ③ sheep; ④ chicken; ⑤ dog; ⑥ pig.

汪、王认为外国读者只要了解"五谷"和"六畜"指的是粮食作物和牲畜即可，无须进一步了解"五谷"和"六畜"具体代指哪些粮食和牲畜。因此，出于"明白、通畅、简洁"的翻译原则，汪、王的译文把"五谷"直接泛化处理为"粮食作物"，将"六畜"泛化处理为"家畜"。

(五) 省略/添加

例五

原文：今人固与禽兽、麋鹿、蜚鸟、贞虫异者也。今之禽兽、麋鹿、蜚鸟、贞虫，因其羽毛，以为衣裘；因其蹄蚤，以为绔屦；因其水草，以为饮食。(《墨子·非乐上第三十二》)

汪、王译: Man is different from beasts, birds and insects. The birds, beasts, and insects have feathers and furs for their coats and robes, hoofs and claws for their leggings and shoes, and water and grass for their food and drink.

汪、王将句子中的"麋鹿"一词直接省略，并未翻译出来。事实上，麋鹿确实属于禽兽中的一类，既然文中已提兽类，麋鹿并非常见的动物，有可能造成读者的阅读困难，就没有必要单独加上"麋鹿"。

由此看来，每一位译者在从事中国典籍翻译工作时，都首先必须有针对性地考察相关的文本，始终保持译文主题的连贯和上下文的承接、顺畅。一旦发现直译可能会导致文章的不畅，译者可以果断对原文的冗杂成分或缺失脱节部分适当省略或添加文本。

例六

原文：当察乱何自起？起不相爱。(《墨子·兼爱中第十五》)

汪、王译: When we investigate the cause of disorder, we find that it results from the lack of mutual love.

原文中没有主语，但是为了符合英语的成文习惯，译者在译文中适当添加了"we"作为主语。这种考虑到了汉语和英语在组织结构上的差异而选择的处理方式，增加了必要的主语，使文章指代明确。

汉语讲究意合，即便不言明，仅仅凭借必要的词语和句子的内在隐含逻辑关系也能使文章的结构连贯；文章注重词汇意义和语义联系，讲究精练，通过语序或句序调整、紧缩句、四字成语来体现逻辑关系。而英语更为强调形合，借助语言形式联结词语和句子，句子多呈现标准的树形结构和基础的主谓语机制；联结单词与单词或者单词与句子时，多使用联系词、关系词、介词和其他语言手段。

因此，汉语中省略掉的主语，在英译过程中必须进行必要的增补。这是出于两种语言表达形式差异考虑的。

例七

原文：执有命者之言曰："命富则富，命贫则贫；命众则众，命寡则寡；命治则治，命乱则乱；命寿则寿，命夭则夭。"（《墨子·非命上第三十五》）

汪、王译：Those who advocate fatalism say, "If a man is fated to be wealthy, he will be wealthy; if he is fated to be poor, he will be poor. If a country is fated to have a large population, it will have a large population; if it is fated to have a small population, it will have a small population. If a country is fated to have order, it will have order; if it is fated to fall into disorder, it will fall into disorder. If a man is fated to live a long life, he will live a long life; if a man is fated to die young, he will die young."

原文就"命"进行了探讨，在原文中，作者并没有直接点明"命富""命贫"所谓何意，译者根据自身的理解，凭借上下文进行了增补，指明此处所讲的是"人的命运"；而对"命众""命寡""命治""命乱"，译者一一进行了增补，指明是"国家的命运"；对"命寿"和"命夭"，译者同样进行了增补，指明是"人的命运"。译者如若不进行增补，则会造成语义不明、指代不清以及不必要的误会。因此，译者所做的增补提高了译文的透明度和可读性，实属必要之举。

从事中国经典典籍翻译工作，旨在将中国典籍推向世界，引起世界的关注，因此，翻译工作必须根据读者的需求，及时调整翻译的策略。汪、王两位译者始终坚持"明白、通畅、简洁"的原则。梅译较多地采用直译法，强调再现原文风格，用词讲究，句式严谨。沃译较多地采用意译法，添加成分较多，译文保持通畅明晰，用词灵活，面向普通读者，重视文章的可读性、大众化，增删都是基于读者的阅读感受。

第四章 文如春华——中国经典戏剧作品翻译比较

第一节 《牡丹亭》翻译策略比较

一、《牡丹亭》简介

《牡丹亭》的全名为《牡丹亭还魂记》，简称《还魂记》，或称《还魂梦》或《牡丹亭梦》，是中国明代戏曲家、文学家汤显祖的代表作。《牡丹亭》在艺术成就、思想内容等各个方面可以说达到了中国古典戏曲的巅峰。

《牡丹亭》讲述的是：南宋时期，南安太守杜宝之女杜丽娘，在一日游览府中花园时，受到满园春色的触动，想到父母只强调门当户对而心生苦闷，沉沉睡去。梦中遇到青年秀才柳梦梅，两人一见钟情，互诉衷肠。然而杜丽娘之母叫醒了杜丽娘，打破了她的梦境。杜丽娘因为难忘梦中人，寻而不得，整日郁郁寡欢，最终饮恨而亡。地府判官念其深情，允许她魂游人间寻找情人。柳梦梅上京赴试，滞留南安杜府梅花观中，拾得丽娘自画像，忆及梦中情景，反复呼唤，丽娘闻声而至，一对有情人终成眷属。

《牡丹亭》文辞优美，故事凄美动人，作品一经问世，受到各方追捧，不断被搬上舞台，人们对杜丽娘的故事也津津乐道。《牡丹亭》《西厢记》均为中国古代深受喜爱的爱情戏剧，更因为其凄美的剧情可与同时代的《罗密欧与朱丽叶》比肩。

二、《牡丹亭》英译概述

《牡丹亭》是一部具有东方特色的爱情戏剧，因此不仅受到了中国人的喜爱与追捧，更是早在17世纪就传播到了海外，受到了西方人的喜爱与赞扬。《牡丹亭》的英译本有十二种，如图4-1所示。

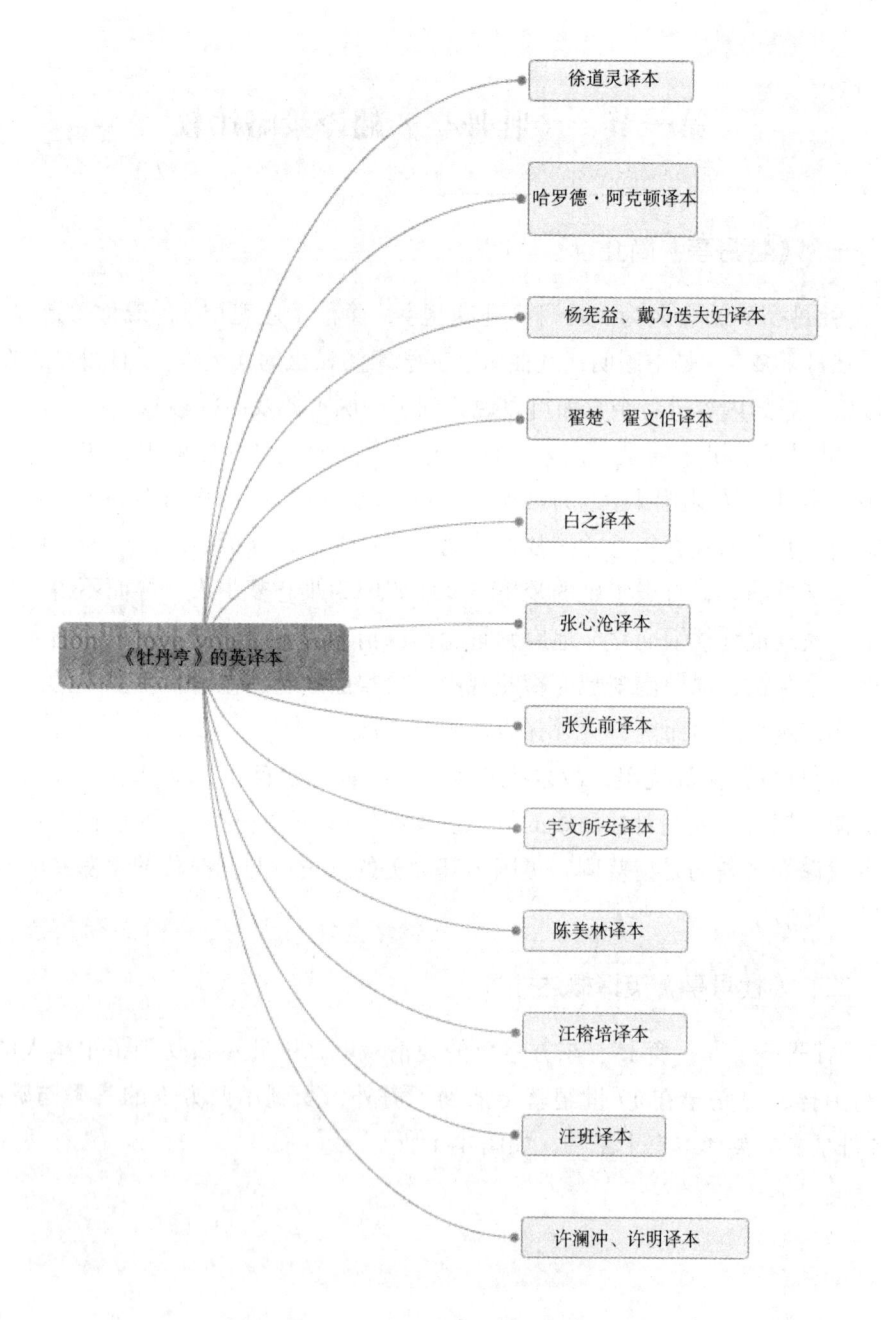

```
                                徐道灵译本

                              哈罗德·阿克顿译本

                              杨宪益、戴乃迭夫妇译本

                              翟楚、翟文伯译本

                                白之译本

                                张心沧译本

     《牡丹亭》的英译本              张光前译本

                                宇文所安译本

                                陈美林译本

                                汪榕培译本

                                汪班译本

                              许渊冲、许明译本
```

图 4-1 《牡丹亭》的英译本

1646年，日本三御文库收藏明刊本《牡丹亭记》（臧懋循改本）六本，这是《牡丹亭》首次走出国门。1916年，岸春风楼翻译的《牡丹亭还魂记》于日本出版。此后，日本出版多个翻译版本，《牡丹亭》在日本迅速传播。

1929年，徐道灵在撰写《中国的爱情故事》时摘译了《牡丹亭》，这是《牡丹亭》首次被译为西方文字。时至今日，《牡丹亭》已被译成了十几种文字，并且在世界各大舞台上映，产生了积极的影响。在众多翻译版本中，英译版起点较晚，但可以说是后来居上，影响更为深远。

1939年，英裔意大利人哈罗德·阿克顿（Harold Acton）选译《牡丹亭》中的《春香闹学》，刊载于《天下月刊》，此次刊载的序言中介绍了《牡丹亭》的相关故事情节。

1960年，杨宪益、戴乃迭夫妇选译《牡丹亭》中的《标目》《闺塾》《惊梦》《寻梦》《写真》《诘病》《闹殇》《拾画》《幽媾》《回生》《婚走》共十一出。虽然未能展现全貌，但是相较于哈罗德·阿克顿译本，杨、戴译本已经翻译出了《牡丹亭》中的主要剧情，因此，可以将该译本视作《牡丹亭》的重要参考译本。

由翟楚、翟文伯父子完成的《牡丹亭》编译本，是于1965年收录完成的《牡丹亭》的第三个英译本。该版本的编译主要采用了改译、重译、补译三种形式。

《牡丹亭》的第四个英译本由美国汉学家白之选译完成，《牡丹亭》的第五个英译本由英籍华人张心沧选译完成。这两个版本同样是在《牡丹亭》中选取其中几出戏加以翻译创作，因为已经有前人的开拓，这两个版本更为成熟、完善。

《牡丹亭》的首个全译本于1980年白之完成，白之全译本增加大量注释来解释中国文化，并对前人的误译加以修正，因此，白之全译本是对前人翻译成果的一次全面突破，既忠实原文，又具有一定的文学价值。

《牡丹亭》的第七个英译本是张光前于1986年完成的全译本，该译本在原文意思的理解和表达方面更为准确。宇文所安完成的《牡丹亭》的第八个英译本是选译本，他遵照文本英语化原则，对原文进行了归化处理。《牡丹亭》的第九个英译本是陈美林完成的改译本。陈美林首先将《牡丹亭》改编成小说，再译成英文，并且考虑到西方读者的阅读习惯，对原剧进行了重新改写。

《牡丹亭》的第十个英译本由汪榕培完成，这也是由中国学者完成的第二个《牡丹亭》英文全译本。汪榕培坚持"传神达意"的翻译原则，在不影响英语读者理解的前提下，尽可能地保留作者原有的想法，并采用不同韵式来翻译。

汪班先生选译了《牡丹亭》中的《游园》《惊梦》《寻梦》《拾画》四出戏呈现出《牡丹亭》的第十一个英译本，以流畅、浅显、优美的文字，把《牡丹亭》这一经典展现在读者面前。《牡丹亭》的第十二个英译本由许渊冲、许明完成，贯彻翻译"三美"原则。

三、《牡丹亭》英译翻译策略对比研究

本文将《牡丹亭》英译本中的汪榕培译本与白之译本、张光前译本进行对比研究，从不同角度分析译者的翻译策略对该译本造成的影响。

（一）《牡丹亭》曲词对比

"曲词"又称唱词，是诗和音乐的结合。在《牡丹亭》中，曲词是该文本的主体部分。《牡丹亭》的原作者汤显祖以典雅的曲词著称，他擅长描述人物或激越奔放的情感和婉转曲折的心境。《牡丹亭》全作不仅诉说了优美动人的故事，更是情长动人，宛若一首优美的抒情诗，辞藻绚丽，书写出人物或忧伤、或欢乐、或愤怒等等各种真挚的感情。

就原作而言，汤显祖在编写过程中字斟句酌，体现出极高的文学水平。因此，在翻译时，译者必须做到让读者读懂、欣赏、沉浸，这是摆在每一个《牡丹亭》英译者面前的难题。

例一

原文：【一江风】

［贴扶病旦上］

［旦］

病迷厮。

为甚轻憔悴？

打不破愁魂谜。

梦初回，

燕尾翻风，

乱飐起湘帘翠。

春去偌多时，

春去偌多时，

花容只顾衰。

井梧声刮的我心儿碎。（《牡丹亭·诊祟》）

白译：Bridal Du（Enters, ailing, leaning on the arm of Fragrance）

I fever deepens,

So frail yet failing still.

And still no answer to the riddle that torments.

Returned from dream to watch,

Swallows buffeted by breeze,

That tosses rustling blinds of bamboo flecked with tears.

How long since spring departed,

How long since spring departed,

That beauty should fade so fast.

Dry paulownia leaves beside the well,

Serape on my heart.

张译：(Enter Liniang, sick, and supported by Chunxiang)

[A Favorable Wind]

Liniang:

Benumbed by a lingering disease,

I wonder how I grew so thin and pale.

There lies a mystery I failed to solve.

A dream fanned up by the swallow's tale.

A vernal breeze that chafed the bamboo shades.

Spring, however, has left for quite some time,

quite some time.

And why does the flower of life still decline?

The rustling of the phoenix tree beside the ancient well scraped the old scars on my tender heart.

汪译：(Enter Du Liniang in illness, supported by Chun xiang)

(To the tune of Yijiangfeng)

Du Liniang:

I feel so dizzy in disease.
Why am I not feeling well?
The reason is hard to tell.
When I woke up from my dream,
I saw the swallows in the sky,
And bamboo blinds nearby.
I watch the spring depart,
I watch the spring depart.
While flowers fall apart.
The rustling tree-leaves break my heart.

纵观这段曲词，三位译者关于曲牌名"一江风"的处理各有不同。众所周知，曲牌名是用于标明曲调和填词样式，与曲词是何种主题无关。白之标记曲牌的方式与其他人不同，用罗马数字"I"，并在附录中明确标注"I"对应"Yijiangfeng"，这是一种简单明确的处理方式。汪榕培选择翻译曲牌名信息，并进一步说明曲牌名功能，让读者在读具体内容之前率先明确其作用。而张光前选择翻译《一江风》的语义信息，但未额外解释。

病迷厮。

为甚轻憔悴？

打不破愁魂谜。

关于"病"字的处理，在白之的译文里，其被明晰化为"fever"，张光前和汪榕培则分别将其处理为"disease"和"illness"。可以说，关于"病"的翻译，三位译者的处理虽有不同，但是效果可谓基本类似。

至于"迷"字，其本身含义是"困惑，迷乱"。而"厮"字，在此处特指杜丽娘对自己的蔑称，强调自己因为生病而采用"厮"这样的称呼。白之没有直接将"病迷"译出，而是将其泛化处理为"fever deepens"（发烧加重了）；张光前将"病迷"译为"benumbed by a lingering disease"（由于久病而麻木呆滞）；汪榕培将"病迷"翻译为"I feel so dizzy in disease"（病中的我感到如此头晕目眩）。三位译者都加入了自己的理解和解释。因为仅凭借单句判断翻译的水平是不合时宜的，所以仍需要进一步地研究分析。

在"为甚轻憔悴"一句中，白之的译文是"so frail yet failing still"（如此虚弱，却仍每况愈下）。单看该句是没有问题的，但是结合原文"为什么我是如此消瘦憔悴"，立即可以发现，原文与译文距离较大，而且译文并未尊重原文的句式。在张光前的译文中，"I wonder how I grew so thin and pale"（不知为何变得如此消瘦、苍白）与原文"为什么我是如此消瘦憔悴"相比较，不难看出，他对原文的理解较为准确。汪榕培将其译为"Why am I not feeling well？"（为什么我感到不舒服？），相较于原文而言，改动较大，是一种再次泛化的处理。

对于"打不破愁魂谜"，汪榕培翻译为"The reason is hard to tell"（个中缘由一言难尽）。前后两句均为泛化翻译，且保持押韵，体现出译者的灵活变通。张光前将其翻译为"There lies a mystery I failed to solve"（我仍未能揭开其中的奥秘）。张光前的翻译更接近原文，而白之的译文"and still no answer to the riddle that torments"（仍未能解答造成痛苦的谜团）则是对原文含义的升华。

梦初回，
燕尾翻风，
乱飒起湘帘翠。

白之的译文足足有四行之多，显得有些啰唆赘余。比如，"blinds of bamboo flecked with tears"中的"flecked with tears"无须添加。"swallows buffeted by breeze"同样存在一定问题，"buffet"作为及物动词指的是风或浪的连续猛击，微风（breeze）难以呈现出猛击效果。相比之下，张光前过于简化翻译，将原文"梦初回"中的"初回"直接省略，甚至他将"燕尾"翻译为"the swallow's tale"（燕子的故事），与原意相距甚远。汪榕培既没有改变原文简明扼要的描述方式，也没有累赘，译文在内容上与原文呈现出一一对应的态势。

春去偌多时，
春去偌多时，
花容只顾衰。
井梧声刮的我心儿碎。

白之的翻译重视了译文的美感。原文中"春去偌多时"以重复形式出现，重复具有一定的美学含义，正因为白之意识到了美学的重要性，所以在翻译时也关注了这一点。他在隔行末尾应用"departed"和"heart"，可以说这一选择极为精妙，由两个开音节元音［aː］形成了尾韵，音律和谐，其传递出的哀愁引人联想，耐人寻味。

张光前的译文则不及白之的译文颇具匠心，张光前并未重视原文前两行，因此对它们的理解和处理也不像白之那样经过反复推敲。张光前的译文，相较于原文而言，缺乏必要的厚重感。当然，张光前的译文并非无可取之处，其中的"the phoenix tree"更加合情合理。

正如上文所述，汪榕培仍旧保持译文与原文行数相同，确保结构类似。他选择以诗译诗，使得音律协调。在他的翻译中，押韵、音美均有涉及。但是，汪译将"井"的意象省略了，与前两位译者有所差异。

事实上，《牡丹亭》曲词的翻译是一项颇具难度的大工程。一方面，译者必须考虑语言层面上的形式特征，决定是否保留或者变更；另一方面，在文体层面、文学层面和美学层面上，译者必须彰显出鲜明个性。每一位译者在《牡丹亭》曲词的翻译过程中，都经过了大量的分析与研究，需要参考原文特有的表达形式，也需要考虑英文诗歌的固有形式是否可以套用，并在两种形式之间选择折中方案，做出必要的妥协，最终实现语言层面、文学层面和美学层面的总体平衡。

（二）《牡丹亭》宾白的英译

所谓宾白，是指戏曲中的道白。在《牡丹亭》中，宾白包含诗、词、赋和散文体宾白。宾白可见人物个性，《牡丹亭》中杜丽娘深情雅致，春香泼辣干练，杜宝严肃正经，陈最良迂腐古板。

翻译宾白，既要保证忠实原文，又要将语言风格与人物性格紧密相连，切忌脱节。

例二

原文：伏侍千金小姐，丫鬟一位春香。请过猫儿师父，不许老鼠放光。侥幸《毛诗》感动，小姐吉日时良。拖带春香遣闷，后花园里游芳。谁知小姐瞌睡，恰遇着夫人问当。絮了小姐一会，要与春香一场。春香无言知罪，以后劝止娘行。夫人还是不放，少不得发咒禁当。（《牡丹亭·寻梦》）

白译：Miss Fragrance, an it please you,

　　Milady's maid alway:

　　But a tomcat of a tutor,

Hindered the mice at play.

Till my mistress stirred by the Songs, found an auspicious day.

And dragging me behind her,

To the garden made her way.

Now madam finds her snoozing.

Asks what the matter be,

Scolds our dear young lady.

Then takes it out on me.

What can I say but "sorry,

No more of such liberty".

But will madam let me off,

Without solemn vow? Not she!

张 译：Attending upon a delicate young mistress, there is a servant girl called Chunxiang. Ever since Master Cat was engaged, the little mouse has lost her shine and had to live low in her hole. By good hap, Mao's Poems somehow touched an echoing chord in my mistress, so she chose an auspicious day and brought me to the back garden to have some fun. It so happened that the old lady dropped in when she was drowsing. My mistress had a bag of words and I had a full dressing down. What could I say but plead guilty and promise never again to lead my mistress astray. But the old lady wouldn't let it go at that, and I had to vow and swear.

汪译：I am Chungxiang, maid to serve Miss Du. Miss Du has a tutor who is like a cat watching over the mice. It happened that she was affected by The Book of Poetry and thus chose an auspicious day to have a walk in the back garden to while away the time. Miss Du was just dozing off when the madam dropped in. She scolded Miss Du and laid the blame on me. I kept silent and then promised never to do that again, but the madam would not let me off and I had to vow and swear.

首先，译者阅读原文，确定原文的宾白。对称整齐的句式选用了六六相对的形式，该句式作为唱曲对白，朗朗上口。经考究可知，该形式属于四六骈赋的一种类型。

白之选择以诗体形式翻译此段独白。一方面，白之做到了在语篇上形成与赋相假的语体；另一方面，白之特地选用了几个古英语词汇，如milady（= my lady），alway（= always），体现出原文的典雅风格。另外，白之把"猫儿师父"译为"a tomcat of a tutor"，"tutor"比"teacher"更为恰当，也更加生动形象。白之把宾白末尾"夫人还是不放，少不得发咒禁当"翻译为"but will Madam let me off, without solemn vow? Not she!"其中的"Not she!"恰如其分。首先，根据英语语法，此处感叹句式的应用增强了文章的句式多样性，避免了重复与枯燥；其次，春香作为一名丫鬟，被迫代人受过，这既是她不得已的责任，又包含着她的委屈和无奈，仅仅选用"Not she!"便可以表现得淋漓尽致。

张译字数较多，汪译则更为简洁。对于张译中的"there is a servant girl called Chunxiang"，由于这是春香个人的独白，正确译法为"here is a servant girl called Chunxiang"。张译将原文的"不许老鼠放光"翻译为"the little mouse has lost her shine and had to live low in her hole"，对原文进行了必要的增添，但适合此处的语境，也十分合理。

汪榕培作为一名词汇专家，把"感动"一词译为"affected by"，这比白译"stirred by"更精当，也比张译"touched an echoing chord"更凝练。

（三）对文化内涵的处理

文化对戏剧的影响往往是多方面的。因此，中国的传统戏剧必然会受到中国传统文化的影响，作者所处的时代背景将会对其创作产生不同程度的影响。作者赋予一部作品的文化内涵是他本人感知到的社会文化，从而将其思想体现在作品之中。翻译是一名译者对原作者思想的陈述，也是译者对作品的一次、二次加工过程。正因如此，能否体会出文章背后隐藏的文化内涵，并且借助第二语言表述和传达，就是对译者的能力的考验了。

例三

原文：谩说书中能富贵，颜如玉，和黄金那里？（《牡丹亭·言怀》）

白译："In books lie fame and fortune," they say then tell me, where are the jade-smooth cheeks, the room of yellow gold?

汪译：The saying goes that studies bring the wealth, but where is pretty lady and where is gold？

张译：Some say that books will provide you with what you need，Yet，where is the promised beauty，where is the gold？

这两句中的"颜如玉"和"黄金屋"可以说都是具有一定文化内涵的短语，因此，译者们采用了不同的翻译方式。白译选用一贯的直译方式，将"颜如玉"和"黄金屋"译为"the jade-smooth checks"和"the room of yellow gold"，在这里，直译是行得通的。像玉一样通透的肌肤和满屋黄金都给人以较大的冲击力直译可以收到较好的效果。汪译采用意译方式翻译也是符合文化特征的；张译选用解释的方式说明了书可以带来你所期望的一切，也是用自己的方式向读者阐释了读书的必要性。

（四）对韵律的处理

《牡丹亭》本身就是一个戏剧作品，因此具有一定的韵律。它的唱词曲调严格，格律诗构成了其诗体部分。

译者在翻译《牡丹亭》时，必须考虑其韵律节奏，切忌通篇结构松散。《牡丹亭》的三位译者处理曲调时各有特色：白之没有采用传统的格律，也没有考虑押韵问题；张光前以五音步抑扬格为基础，但不拘泥于此，也存在破格的地方；汪榕培在译本唱词和诗体部分以抑扬格为基本格式，采用了多种不同韵式。

无论译者采用何种处理方式，只要体现出自身的翻译风格，表现出各自的创新点和新意，就达到了效果。

例四

原文：关关雎鸠，

在河之洲。

窈窕淑女，

君子好逑。（《牡丹亭·闺塾》）

白译：Guanguan cry the ospreys，

On the islet in the river.

So delicate the virtuous maiden.

A fit mate for our Prince.

汪译：The waterfowl would coo,
Upon an islet in the brooks.
A lad would like to woo,
A lass with pretty looks.
张译：Guan guan water bird,
On the river isle.
Fair and slender girl,
Man ask for wife.

"关关雎鸠，在河之洲。窈窕淑女，君子好逑"取自《诗经》。《诗经》均采取四字一句，读起来朗朗上口，韵律十足。因此，译者想要既翻译出其中的准确含义，又翻译出其中的韵味，并不是一件容易的事情。

汪译认真还原和再现了原文：用"coo"和"woo"，"lad"和"lass"两对词语相互对应，前一组用于表示向异性求爱，后一组恰到好处地表达了求爱者和被追求者的年纪（也就是年轻男子和年轻女子），与原文相对应。汪译采用了abab押韵，使译文与诗文特点相类似，通顺易读。当然，选择"islet"一词而非"isle"也是出于押韵的需要。

（五）对语言的驾驭能力

《牡丹亭》对语言的驾驭能力较强，戏曲语言凸显出个性化，并且具有强烈的动作性。《牡丹亭》的原作者汤显祖是一位真正的语言大师。他精通戏曲语言，善于把握语言的准确度，表达出人物的特点，同时考虑语言创设的相关意境。在《牡丹亭》一剧中，涉及的人物都有血有肉，令人印象深刻。在第七出《闺塾》中，出现了三个角色；塾师陈最良具有古板、迂腐的特点，其形象经过汤显祖之手跃然纸上，如临其面；小姐杜丽娘端庄、恬静、温婉；丫头春香活泼、多言。正是由于他们特点不同，汤显祖选用的语言词汇各有不同，以确保人物特点分明。

例五

原文：[旦]素妆才罢，款步书堂下，对净几明窗潇洒。
[贴]《昔氏贤文》，把人禁杀，恁时节则好教鹦哥唤茶。
（《牡丹亭·闺塾》）

白译：Bridal Du: Lightly adorned for morning,
To library leisurely strolling.
Unconcerned I face
Table's gleam by window's brightness.
Fragrance: Word of Worth from the Ancients
What a deadly thought.
But when I'm through,
I'll be able to teach the parrot to order tea.
汪译：Du Liniang: I've made up for the day,
And come to my study.
A room so bright and full of ray.
Chunxiang: Wise Sayings from the Ancients Times
Really bothers me,
It's only fit to make the parrots cry for tea.
张译：Liniang: Freshly made up,
I stroll toward the reading room,
Windows bright, tables clean, and what delight!
Chunxiang: The Rudiments of Classics jails the mind.
When can I make the parrot order tea?

杜丽娘出身名门望族，是确确实实的大家闺秀，接受过良好的礼教，说话始终温文尔雅。因此，译者在翻译杜丽娘的话时，也要突出杜丽娘这种温文尔雅的特点。以上三位译者在处理杜丽娘的语言译文时都遵循了这一原则，处理得非常恰当。

春香与杜丽娘不同，她正值青春年少，身份又只是一个丫头，活泼率真是其天性。她没有接受过正规的教育，在她眼中，读书没有实际的用处。白之的译文正好体现出了她的这种心理。

接下来，陈最良上场，他的迂腐古板与杜丽娘、春香形成鲜明的对比。同时，三人的对话也鲜明地反映出杜丽娘的大家闺秀气质和春香的活泼可爱。

例六

原文：[旦] 以后不敢了，

［贴］知道了。今夜不睡，三更时分，请先生上书。(《牡丹亭·闺塾》)

　　白译：Bridal Du: We shall not be late again.

Fragrance: We understand. Tonight we won't go to bed so that we can present ourselves for our lesson in the middle of the night.

　　汪译：Du Liniang: I won't be late from now on.

Chunxiang: I see, I won't go to bed tonight and I shall ask you to give me lessons at midnight.

　　张译：Liniang: I won't be late again.

Chunxiang: I see. Tonight I won't go to bed at all so that teacher can start the lessons at midnight.

　　与白之的直译相比，汪榕培的翻译更加细腻，他注重观察人物，体现出人物此时的心理变化。

　　在上面的译文中，三位译者都准确地传达出了春香活泼直爽、心直口快的特点，以及她不服气的心态。春香在受到陈最良责备后，便出口回怼，表现出人物的内在情感与性格。

　　白之、张光前、汪榕培的《牡丹亭》英文全译本各有特色，也各有可改进之处。白之英译有筚路蓝缕之功，而且在西方广受欢迎。由于白之译《牡丹亭》的带动，20世纪90年代后期，西方掀起了一阵"《牡丹亭》热"，但白译在准确理解原文方面显然不及张译和汪译。张光前译本是中国学者独立完成的第一个《牡丹亭》英文全译本，它在传达文化色彩方面虽不如白之译本细致入微，但比白之译本更准确，这是中国译者的优势。汪榕培译本是在借鉴和改进前两个译本的基础上完成的，汪榕在传达《牡丹亭》诗体部分和唱词部分的音韵、节奏方面用力最勤，形成了自己的特色。考虑到以《牡丹亭》为代表的中国古典戏剧的翻译的艰巨性和复杂性，再考虑到国外从事戏曲英译实践与研究的学者要比国内的多，而且很多在戏曲研究上有成就的汉学家也是戏曲英译的实践者，笔者认为，应"借脑共译"，中国译者和国外汉学家各取所长，合作翻译，再"借船出海"，由国内出版社与国外出版社联合出版。这是未来《牡丹亭》英译的新路径，我们衷心期望这一天早日到来。

第二节 《长生殿》翻译策略比较

一、《长生殿》简介

《长生殿》是中国戏剧的巅峰之作,是一部集大成之作。《长生殿》由洪昇著作,穷尽其一生的才华和心血,历时十余载,甚至三易其稿。《长生殿》曾被命名为《沉香亭》,后改名为《舞霓裳》,终定名为《长生殿》。《长生殿》一经问世即引起轰动,被不断搬上舞台。

《长生殿》以唐代诗人白居易的长诗《长恨歌》、唐代诗人陈鸿的传奇小说《长恨歌传》和元代剧作家白朴的剧作《梧桐雨》为故事蓝本,以唐玄宗李隆基和杨玉环为主人公,书写二人之间的浪漫爱情故事。因为这个故事背后是李唐王朝走向倾颓,所以洪昇借以抒发对安史之乱引起的国破家亡、人民不幸、颠沛流离的历史变迁的深深感慨与叹惋。

《长生殿》是一部以真实的历史作为背景的戏剧,其中包含的内容相当丰富,同时体现出复杂多变的社会生活片段。洪昇对于历史内容适当地加以调整改善,将李唐王朝故事和李、杨爱情故事展示于观众面前,曲折多变的故事情节引得观众伴随剧情心潮起伏。

二、《长生殿》英译概述

《长生殿》不仅在国内广泛传播,甚至国外也有众多读者对这个凄美的爱情故事津津乐道。正因如此,《长生殿》已被译成日、法、俄、英等多种语言,其英译本的传播影响远超其他译本。

据统计,到目前为止,《长生殿》的英译本一共有七种,其中全译本一种,选译本四种,演出剧本一种,故事编译本一种。

1955年,杨宪益、戴乃迭夫妇合译《长生殿》第一个英文版本。该版本将他们自己对《长生殿》原作的认知与理解传递给读者。

1999年,贺清滨翻译了《长生殿》的第二个英译本,该译本是《长生殿》首个全译本。该译本中的注释具有特殊的学术价值,翻译曲牌名过程中传递了特殊艺术的美感,一方面做到了翻译必需的行文流畅、表意准确,另一方面展现出了中华文化特有的底蕴。

2006年,《长生殿》的第三个英译本出版,该译本是由汪榕培、周秦和王宏主编译的选译本。因为该译本被收录在《昆曲精华》中,因此,译者尽力翻译出昆曲剧目的思想内涵,确保译文简洁,表述口语化。译者出于文化传播者的职责,最大限度地呈现出中国文化的独特魅力。

2008年,唐斯复把杨宪益、戴乃迭夫妇合译的《长生殿》整理成演出剧本,是《长生殿》的第四个英译本。该译本是一个中英文演出剧本,根据剧情和演出的需要,重新整理,删繁就简,调整结构,加强剧本的故事性。最终翻译成符合演出需要的作品,语言也实现了口语化,单独朗诵时亦朗朗上口。

2009年,《长生殿》的第五个英文选译本出版,由汪班完成。汪班因为常年在美国教授中国诗词书画,对中华传统诗词十分熟悉。汪班的翻译充分反映出其深厚的文化底蕴。汪班英文基础较为扎实,擅长诗词英译,因此,他的译本可以实现两种语言的双向欣赏,同时为中国传统戏剧提供了一种新的翻译方法。

2009年,《长生殿》的第六个英译本是由许渊冲、许明父子完成的。该译本最大限度地还原、再现了原文蕴含的意美、音美、形美。译文考虑了文学美感,并且强调舞台演出的重要性,带给人读、视、听的多重美的享受。

《长生殿》的第七个英译本由滕建民改编,顾伟光、李尚杰和(美)马洛浦(S.Marloff)翻译。该译本旨在用简单清晰的语言帮助国外读者理解、欣赏中国的古典戏剧。

三、《长生殿》英译翻译策略对比研究

杨宪益、戴乃迭夫妇认为不同国家采用的文字有所差异,为了确保最终呈现的内容与原作保持一致,即便格律上略有不同,也是正常的。正因如此,杨宪益、戴乃迭采用散文体译诗体(诗、词、曲、赋、韵白)。

中西方的文化存在差异,即便面对相同的意象,不同的文化背景也会驱使不同的人产生不同的理解,因此翻译是很难准确地传达出作者的原意的。以植物为例,植物往往寄托一定的特殊情感,正如英国人对中国传入的杨柳图案较为偏爱,对绘有杨柳图案的青花瓷也尤为钟爱,这就是一种chinoiserie的感情。正如中国文人对梅兰竹菊有自己的理解与喜爱,英国人眼中的玫瑰花也往往带有英国人的联想与喜爱。这种蕴含在某种事物中的情感是难以直接通过翻

译传递的，到底应该用何种翻译策略，必须结合具体的内容加以分析。

《长生殿》中出于上场与下场的需要，包含大量脍炙人口的诗、词、曲、赋。人物上场时需要念的是上场诗，下场时需要念的是下场诗。曲多以辞赋的形式展现，辞赋常常见于宾白之中。下文将以《长生殿》选段为例，通过对杨译本、许译本和贺译本的比读，来分析其中的翻译策略。

原文：【商调集贤宾】
论男儿壮怀须自吐，
肯空向杞天呼？
笑他每似堂间处燕，
有谁曾屋上瞻乌！
不提防柙虎樊熊，
任纵横社鼠城狐。
几回家听鸡鸣，
起身独夜舞。
想古来多少乘除，
显得个勋名垂宇宙，
不争便姓字老樵渔！（第十出《疑谶》）

杨译：GUO ZIYI: A hero should carve out this way,

Not simply rail at fate;

The men of today are thoughtless as the swallows

That nest beneath the eaves,

Not knowing that crows have swarmed upon the roof;

They do not guard against the bear and tiger,

They suffer rats and fores to ruin riot;

But I, at cockcrow, rise to steel myself;

Since ancient times, how often

Have rebels tried to seize the throne;

I mean to make my name shine in the world;

I will not live my life out

As a mere fisherman or woodcutter.

许译：Guo:（Sings to the tune of "Good Friends Get Together"）

A hero should carve out his way.

Should I rail at my fate each day?

I laugh at thoughtless swallows in their nest.

Not knowing crows which swarm from east and west.

Can we not guard against caged tiger and bear

But suffer rats and foxes running here and there?

How many times have I risen at cockcrow

To dance alone in woe!

How many ups and downs since olden days!

I mean to win renown to shine always.

I will live if I can,

Not as a woodcutter or fisherman.

贺译：

Guo: (Sings to the tune Shangdiao "Ji-xianbin" [Nobleguests together in Supertonic Mode])

A man ought to unbosom his noble ambition,

Rather than cry up to Heaven but in vain!

I laugh at those who resemble swallows under eaves.

Who will watch the crows above the roof?

No one watches out for the tiger in fetters and the bear in cage.

Rats are allowed to come and foxes to go, in length and breadth.

Many times when hearing roosters crow before daybreak,

I rose up and dance with my sword.

How many times and falls since the olden epoch!

If only I leave my fame with the universe.

Or become an old fisherman in seclusion.

（一）以散文体译诗体语言

原作中，曲加词共十一行，大多数以七言和八言为主要形式。全文采用 aabacaaaada 的韵脚形式，通篇押［u］韵。

第四章 文如春华——中国经典戏剧作品翻译比较

杨译按照其常见的风格，采用散文体的形式翻译该部分。

许译则略微发生变化，将原文中涉及的最后一小句分译成两行。许译译文共十二行，以单句为翻译单位，采用aabbccddeeff的韵脚形式，通篇押［ei］［est］［ea］［o］［eiz］和［aen］韵。许译一方面实现了在再现原文意义，另一方面有意识地通过自己的翻译，传达出原文特有的音美和形美，实现"深化"原文。也正是这种改变，使最终呈现的结构形式的效果极好，甚至超原文。

贺译译文共十一行，始终以单句为一个翻译单位。贺译第一行、第二行、第十一行押［n］韵，其余各行均不押韵，可以说，贺译基本上是散文体结构。但是散文体具有一定的特殊性，贺译中涉及部分押韵，但是其目标读者和听众根本无法欣赏原文中蕴含的结构和音律之美。

因此，从曲词翻译角度分析，许译保持了音美和形美，再现原文意义，可谓最佳。杨译以散文体译曲词，辅以散白中的诗性语言，因此，杨译译文虽然保持了全文的流畅通顺，但因为只强调文章的流畅度，导致译者忽视了诗的特性，失去了原文中的节奏美和韵律美。

（二）以归化策略为主

1. 堂间处燕

"堂间处燕"本身具有引申指代之意，对于其中典故的解释，不同的译者有不同的处理方式。

杨译为"the swallows"，只是进行了直译，并没有再现原文中的典故之义。许译为"thoughtless swallows in their nest"（巢窝中考虑不周的燕子），是对该句的意义呈现，但是并未体现相关的典故比喻义，也没有呈现引申义，导致最终形象单薄，译文质量受到影响。

贺译为"resemble swallows under eaves"，相较于其他两个版本，不但译出了堂间处燕的比喻义，还专门以脚注的形式对堂间处燕典故中蕴藏的深层内涵加以补充说明。其文外脚注的内容为"Swallows refer to those who are not aware of their imminent danger"（燕子指那些不知道紧急危险的人），目标读者即便对中国典故不太熟悉，也能够凭借该脚注全然明白文中之意。

2. 屋上瞻乌

对于"屋上瞻乌"，许译为"not knowing crows which swarm from east and west"（并不了解成群来回飞舞的乌鸦）。这种翻译方式就是一种直译，并没有体现出,屋上瞻乌原意中为国家的前途担忧之意。

贺译为"who will watch the crows above the roof？"(谁会观看屋顶上的乌鸦呢？)。这种表述方式准确地表达了原文的语义信息,同时译者细心地采用文外脚注的形式,对"屋上瞻乌"的比喻义进行补充说明:Meaning those who are concerned for the safety of the country and the state. This alludes to The Odes Shijing) Little Elegance (Xiao ya). The First Month (Zhengyue): Watching the crow perching. On whose roof？(Zhan wu yuan zhi, yu shei-zhi wu？)。通过解释典故的出处,并且阐述相关的内涵,译者将文中人物忧国忧民的思想通过注释体现出来。

3. 柙虎樊熊

对于"柙虎樊熊",许译为"caged tiger and bear"(困在笼中的虎和熊),译出了"柙"和"樊"之意,虽离原文更近一步,优于杨译,反映出典故的含义,但同样并未表达深层暗指。

贺译为"the tiger in fetters and the bear in cage"(戴上锁链的虎和笼中的熊),虽然进一步区分了"柙"和"樊",但这两个词并非该句的关键信息,原文中最重要的暗指仍没有译出。

4. 社鼠城狐

对于"社鼠城狐",许译和贺译分别处理为"rats and foxes running here and there"(到处乱窜的老鼠和狐狸)和"rates are allowed to come and foxes to go"(任凭老鼠乱窜、狐狸乱跑),虽离原文更近一步,但仍未再现比喻意义。三种译文皆需进一步改善。

5. 闻鸡起舞

对于"闻鸡起舞",许译为"How many times have I risen at cockcrow/To dance alone in woe"(我每每听到公鸡鸣叫,便起床独自悲伤地跳舞),使目标读者对"To dance alone in woe"感到莫名其妙、不知所云。贺译为"Many times when bearing roosters crow before daybreak, I rose up and dance with my sword"(天破晓前,每当听到雄鸡啼鸣时,我便起床舞剑),较之杨译和许译更佳;但贺译亦有不足,"舞"指"舞剑、练习击剑"之意,应为"fence"(练剑),而非"dance with my sword"(舞剑),舞剑特指唐宋时期持短剑表演的舞蹈,是持利剑而舞。为了报效国家,一听到鸡鸣就披衣起床、拔剑练武的勤奋意象在三个译文中黯然失色。

中国文化典籍的英译，是一个"拿来"和"送出"并行的过程，想要将中国的文化传播出去，不仅要译出文章的表面内容，其中蕴含的典故也需要译者反复推敲，最终确定翻译策略。典籍翻译不等同于字典的翻译，译者应该尽可能地体现出中华文化的品格，尽可能地将中国的文化推介出去。在中西方文化交流的过程中，要想建立起中国文化的话语体系，让中国文化发出自己的声音，中国译者就必须采取多种翻译形式和翻译策略，即便是面向目的语，也要最大限度地反映出源语文化，一旦涉及差别文化因素翻译，可以尽可能地选择异化策略、归化策略。

（三）省略下场诗

当一场戏剧涉及下场时，剧中人物往往会念下场诗。下场诗为五言或七言绝句，内容可以是概括剧情，或者抒发作者情感，或者作为铺垫为下一出剧情埋下伏笔，也可以给人启发，引人深思。

下场诗可以理解为集句诗。集句诗是中国戏剧所特有的，在西方的戏剧中没有集句诗的出现。正因如此，杨译放弃集句诗，没有翻译下场诗。虽然这种放弃符合西方的戏剧规范，与西方读者的阅读习惯相匹配，但是这种省略难以将集句诗的魅力与作用传递给读者。对于读者而言，这是一种莫大的损失。

许译选择以诗译诗，再现了原诗美感，添加了黑体标题"Epilogue of the Scene"，起到了向读者解释说明的作用，告知读者此处为该戏的收场，解释功能得以呈现。但是对于下场诗的每一部分，许译省略后最终呈现的译文难以一目了然。

贺译采用散体形式说明下场诗，就下场诗的内容加以释义，引导读者进一步明晰。

《长生殿》的英译是在中国文化"走出去"战略的指导下，中国建立自己的文化体系的必然之举。《长生殿》的英译，应该就各个版本取长补短，以《长生殿》作者和原文为翻译取向，采用归化、异化相结合且以异化为主的各种翻译策略。

第三节 《西厢记》翻译策略比较

一、《西厢记》简介

《西厢记》由元代王实甫编著完成，在中国广为流传，其中两位主人公崔莺莺和张生的爱情故事在中国无人不知无人不晓。

《西厢记》的故事源于唐代诗人元稹小说《莺莺传》（又名《会真记》），元代王实甫在该小说的基础上重新编写，并且加以完善。《西厢记》主要讲述了少女崔莺莺与书生张生甜蜜恩爱，但是崔莺莺终被抛弃的悲剧故事。《西厢记》始终围绕着有情人是否终成眷属这一主题开展，针对这一主题，主要有两条主要故事发展线索：一条线索是老夫人与崔莺莺、张生之间发生的故事，另一条线索则是发生在崔莺莺、张生、红娘三个人之间的故事。两条线索交错开展，相互影响，相互牵制，既不单薄又构成了戏剧冲突。

《西厢记》一经推出，广受盛誉，被多次改编为适合舞台表演的话本。其艺术风格不仅受到了百姓热爱，也受到了历代各阶层人士的喜爱，甚至一向自视甚高的文人墨客也对其赞不绝口。

《西厢记》不仅对戏剧的演出起到了积极的促进作用，对后世的戏曲、小说创作也产生了相当大的影响。譬如，前面提及的汤显祖，由于受到《西厢记》的影响，在撰写《牡丹亭》时，涉及杜丽娘的爱情观时，对于婚姻观念的描述着墨较多。曹雪芹撰写《红楼梦》时，在其中第二十三回里，表达了对《西厢记》的赞誉。明、清时期多种《西厢记》的改编、续编作品，都可以证明《西厢记》的受欢迎程度。不仅如此，《西厢记》被译成英、法、德、日、俄等多种语言，在全世界广泛流传，为我国灿烂的古代文化赢得了巨大的荣誉。

二、《西厢记》英译概述

经考证，《西厢记》的明刊本尚未流传至欧洲之前，《西厢记》的故事就早已跟随瓷器传往欧洲。欧洲人从青花瓷上的图案中认识并欣赏到了《西厢记》的人物形象和故事情节。

王实甫的《西厢记》共有七个英译本，分别是熊式一译本、亨利·哈特译

第四章 文如春华——中国经典戏剧作品翻译比较

本、亨利·韦尔斯译本、赖恬昌和加马内基昂合译本、杜为廉译本、奚如谷和伊维德合译本、许渊冲译本。

熊式一（S.L.Hsiung）是英译《西厢记》的第一人，1935 年，他翻译的《西厢记》出版。熊式一对《西厢记》理解准确，最终呈现的译文行文流畅，而且准确。熊式一译本在宾白部分依据金圣叹版本，曲词部分依据明刊本。熊氏译本强调译文的准确性，他由于担心译文押韵有可能导致原文意义的变更，采取逐字逐行直译翻译策略。熊译《西厢记》一经出版，广受赞誉，受到学界的高度关注，因其学术性较强，成为英美各大学中文系的教材。

1936 年，亨利·哈特（Henry H.Hart）出版了《西厢记》的第二个英译本。这是《西厢记》的一个节译本，哈特并未翻译全文，只截取了其中的十五折，即翻译到《长亭送别》为止。哈特译本采用的翻译原本是 1931 年在上海出版的金圣叹版本，金圣叹版本是当时《西厢记》的最新研究成果。哈特在遇到原文晦涩或深奥之处时，选择故意漏译。亨利·哈特译本和熊式一译本一样，都不是韵译。

1972 年出版《西厢记》的第三个英译本是由亨利·韦尔斯（Henry W.Wells）完成的。韦尔斯译本通俗易懂，在形式上，采用不同字体，表现出原文的唱词和说白。说白部分的翻译口语化，语句简短，充分展现了译本的韵律美。

1973 年《西厢记》的第四个英译本是由中国香港学者赖恬昌与美国人加马内基昂（Ed Gamarekian）共同翻译完成的。两人合作翻译了原书所有内容。该译本并非完全对应原文，但是保留了原作的情调、氛围、结构以及诗意，力图保留原文的音貌。两位译者采用的翻译手法包括浓缩读白、删减重复的宾白、增添脚注等。两位译者的改写、添加、简化是为了更好地突显原台词的基调和出场人物的情感，帮助西方读者更便捷地理解遥远的中国古代青年的爱情世界。

1984 年，英国汉学家杜为廉（Dolby William）出版了《西厢记》的第五个英译本。杜为廉译本根据明刊本翻译，注释原文的文化背景、戏曲知识、人物、历史、词语等相关内容。该译本可以反映出译者对于中国古代文化的认识与理解，以及浓厚兴趣，具有较强的文字性。

1991 年，《西厢记》第六个英译本出版，该译本是一个全译本，是由美国汉学家奚如谷（Stephen H.West）和荷兰汉学家伊维德（Wilt L.Idema）以明刊本为基础开展的合译。该译本的最大特色是尽可能地保留了原作的风格、用字、意象,甚至双关,是翻译中国古典文学的新尝试。该译本采用的翻译方法是直译加注释,有利于呈现《西厢记》的本来面目。

1992年《西厢记》第七个英译本由许渊冲完成。许译《西厢记》选用的是金圣叹点评的《贯华堂第六才子书西厢记》,其译文格调优雅,韵律严格,读起来朗朗上口。

三、《西厢记》英译翻译策略对比研究

在诸多东西方翻译家的共同努力下,从20世纪30年代开始,《西厢记》慢慢以文学著作和戏剧作品的形式走向世界,向欧美阅读者和观众展现了东方古典戏剧表演的特殊风采。《西厢记》的英译本在不到90年的时间里形成了多个译版。每一个《西厢记》的译本都是译者竭尽全力的成果,译本反映出不同译者的翻译理念和翻译目的。《西厢记》译者翻译风格迥异,各具优点,以各种翻译手段,表述原著的细微繁杂和作者想要表达的内涵。

(一)个性化语言传达比读

红娘在《西厢记》中,呈现为年轻俏丽、青春灵动的丫鬟形象,是崔莺莺和张生爱情故事的中心牵线人物。实际上,红娘对崔莺莺和张生的感情所持态度也经历了一个逐渐转变的过程,从一开始既没有促成也没有毁坏的态度,逐渐发展到后来的同情和帮助,并且为他们提供了方案。《西厢记》的第四本第二折是著名的"拷艳",是一场戏的高潮和转折点,是戏剧冲突特点的主要表现。张生与崔莺莺在"拷艳"之前,已经经历了各种各样的坎坷和磨炼,这让他们拥有了坚定的信念。正当他们沉浸在甜蜜的爱河中时,崔老夫人察觉到了女儿的诸多变化,遂传红娘前来盘问。面对恼羞成怒的老夫人,红娘表现得毫无惧色、据理力争,理直气壮地指责老夫人,使得老夫人无言以对。"拷艳"使红娘的聪明机智得到了最大限度的发挥,也使得红娘形象更加鲜明突出、更加惹人喜爱。人物角色的个性化语言对人物性格和形象的塑造起到重要作用,因此,译者必须有意识地关注原文中的个性化语言。

译者要形象地翻译,实现人物角色个性化,就要首先在语言方面下功夫。英语单词是翻译的最小单位,能体现讲话者的风格,选择词语的准确度直接关系阅读者对人物的认识,因此词汇的挑选必须符合人物的语言风格。其次,译者要十分注意语句水平的应用,如简单句、长句、复合句等是否能反映讲话者

的语言习惯。个性化语言体现在两方面：一是具体内容，二是表述方式。接下来，笔者将对比奚如谷、伊维德译本和许渊冲译本，分析应该如何翻译个性化语言。

例一

原文：【越调·斗鹌鹑】［红娘唱］

则着你夜去明来，

倒有个天长地久，

不争你握雨携云，

常使我提心在口。

你则合带月披星，

谁着你停眠整宿？

老夫人心数多，

情性歹，

使不着我巧语花言，

将没做有！（第四本第二折）

许译：She sings to the tune of Fight of Quails:

If you had gone by night

And come back with daylight.

Your joys might be secure

As long as sky and earth endure.

But you would bring fresh shower

Each night for thirsting flower.

And often make me feel in the wrong.

Gnawed by an anxiety strong.

You should have gone and come back by starlight.

Who'd have allowed you to sleep there all night ?

Do you not know our mistress's ingenious mind

Rather unkind ?

She could see honeyed words through.

Even when there's nothing wrong, she would make much ado.

奚、伊译：［Yuediao mode: "Dou anchun"］（Crimson sings:）

I told you to go by night and return by light

So it might "last as long as heaven and earth".

Because you clutched the rain and transported the clouds.

My heart was always in my mouth.

You should have gone between moonrise and star-set.

Who told you to sleep there all through the night？

The old madam's wiles are manifold,

Her temper is violent.

There will be no use now for my clever words and flowery speech.

That turn nothing into something！

比较许译和奚、伊译，可以明显地看出，两段译文风格大相径庭。许译中人工雕刻成分较多，译者针对原文做了更多的加工处理。相比较而言，奚、伊译更加自然流畅。根据译本可以明显看出，许译煞费苦心，以"aabb"双行押韵形式贯穿全文始终，通过改变押韵结构，增强译文的乐感和节奏感，但是最终呈现效果并不好。

与奚、伊译相比，许译显得更加啰唆繁缀。之所以出现这样的问题，是因为许译过分追求译的雅化和韵律。

比如，"不争你握雨携云，常使我提心在口。"许译为：

But you would bring fresh shower,

Each night for thirsting flower.

And often make me feel in the wrong,

Gnawed by an anxiety strong.

许译最终呈现的文本，甚至比原文多出两行，从中可窥见书卷气较浓，充斥较多的自由发挥，偏离原文较多，与红娘这一人物的说话口吻并不相符。

奚、伊译则为：

Because you clutched the rain and transported the clouds.

My heart was always in my mouth.

奚、伊译没有刻意追求押韵，但是译文始终紧扣原文，把"不争你握雨携云，常使我提心在口"译得惟妙惟肖。译文简洁、质朴，并没有过多渲染，始终保持与原文匹配，根据红娘的身份与心境，确定其说话内容、形式。奚、伊采用此种方式翻译,译出了红娘的率真个性。

老夫人心数多,

情性歹,

使不着巧语花言,

将没做有!

许译为:

Do you not know our mistress's ingenious mind,

Rather unkind?

She could see honeyed words through.

Even when there's nothing wrong, she would make much ado.

奚、伊译为:

The old madam's wiles are manifold,

Her temper is violent.

There will be no use now for my clever words and flowery speech.

That turn nothing into something!

许译的选词"ingenious, ado"相对而言过于迂腐,而奚、伊译的翻译显然更为贴切,把"将没做有!"译为"turn nothing into something!"简单的转换,却充分再现了原文人物的个性化语言。

(二)人物情感再现比读

翻译并不是一种绝对的"客观性"个人行为,反而需要融合各种各样的心理因素,开展情感交流和文化交融。在任何翻译过程中,译者的主观感受介入都是必然的,译者必须通过自己的生活经验和情感来认识原作者的情感,最后使阅读者拥有相同的感受。因此,在翻译实践中,重现原著人物的情感体验,绝非易事。

例二

原文:【调笑令】

他并头,

效绸缪,

倒凤颠鸾百事有。

我独在窗儿外,

几曾敢轻咳嗽？

立苍苔只把绣鞋儿冰透。

如今嫩皮肤，

去受粗棍儿抽，

我这通殷勤的着甚来由？

许译：She sings to the tune of Song of Flirtation:

Their heads were close together like two flowers,

A pair of happy phoenixes loved their fill.

I stood alone outside the window of the bower,

Ne'er daring cough e'en slightly.till

In the early morning hours

My broidered shoes on mossy ground felt icy chill.

Now my delicate skin will be beaten black and blue.

What wrong has a go-between done in a rendezvous？

奚、伊译：[Tiaoxiao ling]（Crimson sings）

Within the embroidered red-curtains you were "bound together round and round"。

And you had it all: the upside-down phoenix and flip-flopped simurg.

But outside the window I lightly coughed a number of times.

Standing on the dark green moss until my embroidered slippers were frozen through.

Today my tender skin will be raised in welts by a thick cudgel.

O sister,

All my good offices

What did I do them for？

红娘回想起莺莺和张生在房间里谈情说爱，但是自己独自立在窗户外面望风时又惊又怕，要忍受霜寒，甚至不能传出咳嗽的声音。如今事情败露了，她变成莺莺的替罪羊，迫不得已忍受老太太粗棒的处罚。因此，她越想越感觉"我这通殷勤的着甚来由？"这句话一下子说出了她一直以来受到的痛苦和委屈。

对于画线部分的翻译，许译的书卷气过浓，为了与上行的"black and blue"押韵，下行只能选一个非常文雅的词"rendezvous"，致使其明显逊色于奚、伊译。反观奚、伊译，语言表达直白、明快，较好地重现人物心理状态，表述人物情感。

例三

原文：[夫人云]这小贱人，倒也说得是。我不合养了这个不肖之女。经官呵，其实辱没了家门！<u>罢，罢，罢</u>！俺家无犯法之男，再婚之女，<u>便与了这禽兽罢</u>！红娘，先与我唤那贱人过来！

许译：Madame Cui says:

What the little wretch has said is reasonable.

It is my misfortune to have brought up this unworthy daughter.

If the case were brought to the court, it would bring disgrace to our family.

<u>Well, well！</u> Our family had no guilty man nor remarried woman.

<u>What can I do now but give my daughter to the beast</u>！

Rose, go and tell Yingying to come here！

奚、伊译：Old lady speaks:

What this little hussy had said is right,

I ought not to have

raised such a good-for-nothing daughter！

If I were to take it to

court, I would defile our family reputation.

<u>Enough</u>！ Our family

counts among it no man who has transgressed the law, no

woman who has married twice. <u>I'll have to give her to this scoundrel.</u>

Crimson, call that hussy here！

首先，红娘很聪明地抓住了老夫人爱面子的特点，针对老夫人的特点，红娘紧咬不放。原文中"罢，罢，罢！"三字体现了老夫人感情的变化，老夫人知道即使她还是不满意，但是木已成舟，她已无法改变，即便无可奈何，却也只能选择接受。

针对这一段话的翻译，奚、伊译无论在词语的选择方面，还是在语气和原文风格的把握等方面都比许译做得更加优秀。许译中把"罢，罢，罢！"译为"Well，well，well！"，语气力度相比较弱。

奚、伊译则直接选用"Enough！"一词。显然，Enough 带有一定的情绪，因此，奚、伊译比许译更能表现出老夫人的愤怒心情。但是，对于"便与了这禽兽罢！"许译为"What can I do now but give my daughter to the beast！"奚、伊译为"I'll have to give her to this scoundrel."两者相比，无论是辞藻还是句式的选用，许译都比奚、伊译更能表现出老夫人无可奈何，但是又无从选择的窘迫和忧伤。

例四

原文：[夫人云]好秀才呵，岂不闻"非先王之德行不敢行"？我待送你到官府去，恐辱没了我家谱。我没奈何，把莺莺便配与你为妻。只是俺家三辈不招白衣女婿，你明日便上朝取应去，俺与你养媳妇儿！得官呵，来见我；驳落呵，休来见我！

许译：Madame Cui says:

Fine scholar as you are, have you not heard that deeds unworthy of the ancient sages should not be done？ If I should hand you over to the court, that would bring disgrace to my family. There is left only for me to marry my daughter to you. But for these generations past our family has never had a son-in-law who had no official rank. So you must go to the capital to attend the civil service examinations. I will take care of your future wife. If you pass the examinations with honor, come back and marry my daughter. If not, do not come to see me！

奚、伊译：Old lady speaks:

Oh, what a fine and budding talent！ Haven't you ever heard, "If it is not the virtuous behavior of the Former Kings, 1 do not dare practice it"？ I'd like to take you to court, but I'm afraid of disgracing our family record. Now I give Oriole to you as wife. But for three generations our family has not welcomed a son-in-law clad in white. Tomorrow you will leave for the capital to take the examinations. I will watch over your wife. If you obtain an official position, then come to see me. If not, do not come!

译者需要通过准确的遣词造句，表现出人物的情感。原文中的"好秀才"

其实并非老夫人的真心夸赞，而是老夫人对张生的讽刺之语。许译为"fine scholar as you are"，看似中规中矩，实则缺少力度。相比之下，奚、伊译的"Oh, what a fine and budding talent！"更能体现老夫人那种不屑一顾的傲气。对于原文"得官呵，来见我；驳落呵，休来见我！"许译为"If you pass the examinations with honor, comeback and marry my daughter. If not, do not come to see me！"译者在此处使原文隐含的信息全部显形并添加了自己的理解。奚、伊译为"If you obtain an official position, then come to see me. If not, do not come！"这种表述方式，原封不动地传递了原文信息，同时恰如其分地尊重了原文的表达形式，较为成功地再现了老夫人此时此刻的情感。

通过对《西厢记》两个英译本的比读可见，奚、伊合译本和许渊冲译本各有优势。奚、伊合译本的主要优点在于在对白和唱词方面均采用散体译法，尽量忠实于全文。两个译本翻译的语言切合顺畅，能够更好地展示人物的原作风格和内涵。总体来说，两个译本都尝试向西方读者传递中国文化及其价值，展现中国古典风格戏曲的特殊风采。

实践经验证明，中国古典典籍的"走向世界"必定遭受目的语社会现实的牵制，必须寻找共通的价值语句。因此，译者必须掌握目的语国家的社会现实，以及目的语国家对中国古典典籍的接纳机制和标准。汉英翻译，特别是文学著作的汉英翻译，必须重视翻译效果和读者接纳度，不能脱离读者和时代的需求。随着中国文化在世界的传播，一定会有更多更好的《西厢记》英译本问世，从而丰富、扩大对《西厢记》的理解与诠释，提升中国优秀传统文化在世界的影响力。

第五章 字字珠玑——中国明清小说作品翻译比较

第一节 《水浒传》翻译策略比较

一、《水浒传》简介

《水浒传》作为中国传统的四大名著之一，是以北宋时期为时代背景，讲述了晁盖、宋江领导的起义军，汇集梁山的故事。《水浒传》从起义的产生、发展、高潮，到起义军最终接受朝廷招安，反映了北宋时期社会矛盾难以调和，官逼民反，社会动荡不安的现状，以及梁山好汉始终坚持的忠义精神与社会大背景之下的报国无门的无奈。

《水浒传》是一部真正意义上的文学著作，以北宋的《宣和遗事》为基础题材，将杨志卖刀、智取生辰纲、宋江杀阎婆惜、张叔夜招安、征讨方腊、宋江受封等故事以说书提纲的形式保留下来。这些故事是民间艺人说书讲故事的主要创作源泉，深受普通大众的喜爱。直至元末明初，施耐庵和罗贯中对民间传说加以整理、加工、润色，最终创作出中国文学史上这一优秀的白话章回体小说。

《水浒传》一书版本流传诸多，主要分为繁本和简本两类。繁本主要有百回本、百二十回本和七十回本。无论是繁本还是简本，都深受广大读者的喜爱。

二、《水浒传》英译概况

《水浒传》具有独特的文学价值和艺术价值，其中刻画的人物形象鲜明生动、语言活泼，不仅是中国家喻户晓的故事，也在世界范围内广为流传。

《水浒传》已被翻译成日、法、德、意、俄、英等十几种语言，其中英译本的影响无疑是最大的。《水浒传》的英译本由摘译本和选译本以及全译本两部分构成。

（一）《水浒传》摘译本和选译本

摘译本最早见于1872—1873年香港出版的《中国评论》第一卷中的《一个英雄的故事》。这是以《水浒传》前十九回中林冲的故事为主线，单独讲述的一个独立的故事。

1923 年，翟理斯（H.A. Giles）摘译了"鲁智深大闹五台山"这一回，后将其收录于译著《中国文学史》。

1959 年 12 月刊载于英文版《中国文学》的沙博理（Sidney Shapiro）的《水泊的叛逆者》和《水浒英雄》是影响最大的摘译本。《水泊的叛逆者》和《水浒英雄》译文的行文风格简练通俗，传达了原著的精神。

（二）《水浒传》全译本

1933 年赛珍珠（Pearl S. Buck）译本的《水浒传》出版。该译本以金本《水浒传》为翻译创作的底本，强调逐字逐句的翻译，在西方世界影响甚大。该译本始终坚持文学作品的美感，尽力坚持汉语语言必备的韵律之美，在文字的选择方面始终保持汉语语言的独特韵味，坚持选择准确的字句，把握句子的节奏与基本结构。

1937 年杰克逊（J.H. Jackson）译本的《水浒传》出版。该译本以金本《水浒传》为翻译底本，后面杰克逊在原有译本的基础之上加工、修改而成。该译本是在意译的基础上完成的，使读者读起来较为轻松愉悦。

1980 年，沙博理翻译的百回本《水浒传》出版。该译本是英译本中唯一的百回本，前七十回用金本，后三十回用容与堂本。该译本以英语世界不懂中文的普通读者为目标读者，以可读性为宗旨，用流畅的英语表达原著中的汉语古体白话，但对原文篇幅并未做太多删减，对原著中诗词的保留也是四个英译本中最多的。沙译《水浒传》采取的是归化与异化相结合的翻译方法，以意译为主、直译为辅，并综合阐释、删减、替代等多种翻译策略。即便是以直译为主，沙译在体现异化策略方面，也并未采取逐字直译的方法，翻译以大众英语行文习惯为基本翻译规约，尽量直译，实在不能直译时，采取其他翻译策略。

三、《水浒传》英译翻译策略对比研究

普遍认可的评价译文的标准是，译文是否达到了译者的翻译目的。想要明确这一点是否达到，考察的最佳方式是依据目标语读者的反应与评价确定。

首先，用英语中的咒语翻译原文詈言。以"断"为例，在充当詈言时，它意在将受众的身份、地位加以一定程度的贬低。沙译中使用谩骂色彩较为浓重的 "prick" "rouge" "knave" "frigging" "wretches" "crap" "lout" "varlet" 等

词；而赛译使用最多的词是"thing""fellow"和"man"；杰译使用最多的词是"fellow"，且多用人称代词替换原文詈言。

例一

原文："你们两个且在这里，等洒家打死那厮便来。"

赛译："You two sit and wait until I go and beat that fellow to death and then I'll be back straightway."

杰译："I will go and kill him."

例二

原文："这厮两个把梁山泊好汉的名目去偷鸡吃，因此连累我等受辱。"

赛译："But these two things have taken our fair name to go and steal fowls to eat and they have taken us to share their shame."

杰译："But these two men have been implicated in a petty thief of a chicken, and if we associate with them we shall lose our great reputation."

从以上两个例子中，不难看出，相较于沙译，赛译和杰译用词比较中性，有尽量净化原文詈言的倾向。也正因为这种净化，赛译和杰译无法向沙译一样，准确传达詈言使用者的阶级出身、人物性格、内心世界。

沙译始终坚持尽可能地使用贴近源语语义、句法结构的表达方式，将原文语境意义准确表达出来。

另外，沙译目标语的公文采用正式语呈现，这种翻译策略也值得效仿。法律公文属于表达型文本，应当采用"纪实翻译"策略。以"林教头刺配沧州道 鲁智深大闹野猪林"这回中的林冲休书为例：

例三

原文：东京八十万禁军教头林冲，因身犯重罪，断配沧州，去后存亡不保。有妻张氏年少，情愿立此休书，任从改嫁，永无争执。委是自行情愿，即非相逼。恐后无凭，立此文约为照。年月日

四个译本的译文如下：

沙译：Because he was convicted of a serious crime, Lin Chong, arms instructor of the Imperial Guards, eastern capital has been sentenced to exile in Cang Zhou. What will happen to him is difficult to foretell. His wife maiden name Zhangis still very young, and therefore he wishes to annul their marriage. He grants her permission to contract a new marriage and guarantee that he will never contest it. The annulment is truly voluntary and not issued under compulsion. In the event of any doubt, this document shall serve as proof.

...Day...Month...Year

赛译: Lin Ch'ung, instructor of eighty thousand men in the eastern capital, because I have committed a great crime, am exiled to Ch'ang Chou. After I am gone whether I shall live or die none can know. I have a wife of the family of Chang who is yet very young and I wish now to write this paper of release for her. She is to be free to wed whom she pleases, and never again will I live with her. This I do truly of my own will, let this paper be the proof.

杰译: I, Drill Inspector of the Imperial Guards of Eastern Capital, am banished to Tsangchou because I have committed a serious crime, and as it is uncertain whether I shall die there or not, I write this letter to express my willingness to give my young wife (family name Chang) full liberty to marry a second husband so that there shall be no dispute about it afterwards. This is certainly my wish, and there shall be no obstacle in the way of this being done. I have therefore written this document so that hereafter it may be proof of my desire.

杰弗里·邓洛普 (Geoffrey Dumlop) 译: I, Lin Chong, instructor of the eight hundred thousand imperial guards, having been convicted and banished to Cangzhou and whereas my future is full of uncertainty, and my wife is still young, hereby divorce her, so that she may marry whom she will without let or hindrance from me. I certify that this is my own decision arrived at without outside prompting of any kind. I write this in order for it to be known, that on conflict may arise later through lack of documentation.

通过以上几段译文的直接对比，可以看出，沙译的"纪实翻译"策略有效再现出原文特征。关于法律文书的下发时间，只有沙译予以呈现，其他三个译本选择将原文表示下发时间的"年月日"直接删除。但是法律文书只有明确地标出年月日，才能准确地将法律文书的基本特征有效地呈现，缺失时间就是一种不完整的体现。

正规法律文书一般少用人称，为了确保其正式性、庄严性和法律效应，即

第五章 字字珠玑——中国明清小说作品翻译比较

便为了表述清楚，不得不使用人称，也应尽量避免第一、二人称，而使用第三人称确保其公正性。四个译本中，只有沙译选用第三人称"he"，考虑了法律文书的公正特征。其他三个译本仍选用"I"这样的第一人称，带有较为浓重的主观色彩。

法律文本中文体规范包括原因居首，而沙译选用"because"开头，也比较符合这一规范，其他译文则忽略了这一点。

此外，在翻译宗教术语时，可以将宗教术语改为基督教用语，也可以进行直译。沙泽在翻译《水浒传》中的宗教术语时，未套用《圣经》语汇，而是选择进行直译。直译的好处显而易见，宗教之间存在较大的差异，简单地套用，会影响读者的价值判断。这种通过异化策略传递原著宗教文化的努力也值得翻译界效仿。

以《水浒传》中较早出现的"玉帝""太白金星"为例，沙译将其分别译为"The Jade Emperor""The Great Star of White Gold"，采用直译的手法。登译也将"玉帝"译为"The Jade Emperor"，将"太白金星"译为"The Evening Star"，都没有采用《圣经》语汇，而赛译和杰译一开始就将中国道教归化为基督教，他们的译文分别是：

赛译：The Emperor of Heaven, The God T'ai Po from a certain western star.

杰译：The Pearly Emperor, The Genii T'ai Pai.

其中的"Heaven""God""Pearly""Genii"都为《圣经》语汇。

尽管上文中较多提及沙博理对原著的合理翻译，但是就称谓的归化、简化策略而言，沙译存在一定的问题。

在古代中国尤其是中国封建社会，用第三人称替代第一人称和第二人称，根据对方地位的评价（称呼/敬称）来贬低自己的社会发展评价（自称为谦名），以此反映人与人的长幼尊卑、亲疏有别，简化称呼必然会导致翻译的结果影响中国独有的价值观和民俗文化的呈现。

赛珍珠考虑到了称谓文化的特殊价值，并未简化称呼，而是采取异化策略和直译方法，并将其体现在译文中，其将"小人""小道""奴家""下官""贫道"等自我称谓译为"this humble one""I myself, who came to this temple""this humble one, who am I""I, a humble small official""none of us common priests"。此种直译策略，更好地体现了原文的中国传统称谓文化。

沙博理在处理原著中重复性叙事时，选择一定的省略，其对直接引语引述结构的处理方式有待改进。

《水浒传》是中国四大名著之一，它本身是一部非常伟大的文学作品，代表了中国文化的巅峰。因此，译者翻译时也应尽量呈现出原文全貌，握好再现原文重复性叙事，突出引述结构置于直接引语之前的文体特征。赛译在这方面就强过沙译。以"林教头风雪山神庙 陆虞候火烧草料场"这一回中李小二向林冲报信的言语为例，赛译是：

Then Li The Second asked Lin Ch' ung to go within and sit down and <u>he said</u>, "This humble one suspected something and I told my woman to go and listen around the corner for two hours. But those men talked mouth to ear and she could not hear well what they said. Nevertheless at the very end these words came for the work master's mouth, 'All is on our bodies. Good or ill we are to kill him.' <u>The other two then brought out a bundle of gold and silver and gave it to the chief gaoler and to the work master and gain they drank a round of wine and then they scattered.</u> We do not know what sort of persons these men were. But we are afraid that over The Gracious One's body some evil hangs."

赛译中的画线部分是原文中已经出现过一次的重复性叙事，赛译并未省略，而是完整翻译。此外，引述结构"he said"亦依照原文模式置于直接引语之前。原文该回中82处直接引语的引述结构均置于引语之前，赛译中亦是如此。

此外，沙博理以英文小说行文规范为标准对原文文内诗歌的删除以及对文内描绘人物出场的文字的简化、省略是否合理亦有待商榷，虽然这种策略增强了行文的流畅性与小说情节的连贯性，但无疑破坏了原文韵散结合的文体特征。

《水浒传》是一部内容与形式紧密联系的伟大著作，假如翻译者在翻译过程中只关注原作内容，而忽略原作的基本形式，译文就难以完全体现原作的艺术价值。

通过上述对译文的分析以及译文之间的比较，可以看出以上译文文化和文体这两大模块的全面翻译策略具有借鉴意义。

第二节 《红楼梦》翻译策略比较

一、《红楼梦》简介

《红楼梦》是中国四大名著之一。该书创作于清朝乾隆年间，又称《石头记》《情僧录》《风月宝鉴》《金陵十二钗》等。该书由曹雪芹呕心沥血"披阅十载，增删五次"，现存前八十回。八十回之后为其他文学家的续写之作。

《红楼梦》结构宏大，以贾、史、王、薛四大家族的兴衰为主要线索，同时以贾宝玉、林黛玉和薛宝钗的爱情悲剧为主要感情线，展现出封建社会的社会生活面貌。《红楼梦》中人物众多。曹雪芹描写人物逼真自然，大观园中有几百个人物，他们阶级不同、年龄不同、性格不同，但在曹雪芹的笔下，每个人物都血肉饱满、个性鲜明。人物之间的关系也是钩织交错，相互联系。无论是宝玉的真诚与多情，黛玉的敏感与孤高还是宝钗的得体与大方，抑或是"凤辣子"的泼辣与果敢，都是鲜明而独特的。

《红楼梦》的作者曹雪芹有很高的文学创作造诣，能够灵活且流畅地把握每一个情节之间的变换与章节之间的转换。曹雪芹擅长在前面章节埋下伏笔，"草蛇灰线，伏脉于千里之外"，使前面的伏笔在后面的章节中得以体现，通过矛盾的堆积将故事的情节推向新的高潮。曹雪芹用凝练的语言和简洁朴素的表述方式，引导读者在书中的人物对话、故事描述、情节推动等方面始终与其保持一致。

《红楼梦》的版本主要分为两个系统：八十回抄本系统和一百二十回刻本系统。八十回抄本被普遍看作曹雪芹本人所著，附有脂砚斋批语，又称为脂评本。一百二十回刻本又分程甲本和程乙本。

二、《红楼梦》英译概述

《红楼梦》英译本众多，可分为摘译、改译、全译三个阶段。

（一）摘译

这一阶段（1830—1926年），主要的翻译目的是为在中国任职的外国官员提供学习汉语的资料。

1830年,约翰·德庇翻译了《红楼梦》第三回中的两首《西江月》。虽然只有短短两首诗,但这是英译《红楼梦》的开端。

1842年,罗伯特·汤姆(Robert Thom)将《红楼梦》的部分片段翻译成英语,发表在宁波期刊《中国话》上。

1892年,英国驻澳门副领事乔利(Henry Bencraft Joly)翻译了《红楼梦》前五十六回。

（二）改译

这一阶段(1927—1972年),可以称为《红楼梦》的改译阶段。译者以翻译和改编的手法,还原主要故事情节。

1927年,王良志翻译的《红楼梦》是翻译和改编的结合,删除了与宝黛爱情不直接相关的内容,仅仅翻译了宝黛爱情悲剧,迎合了西方读者的审美,首次将《红楼梦》故事完整呈现。

1929年,王际真改译的《红楼梦》共三十九回,王际真开创性地把男子名音译,女子名意译。如此翻译,便于读者理解,因此,这一改译版本在欧美读者中深受欢迎和好评。

1958年,德国汉学家库恩(Franz Waiter Kuhn)的德语节译本被译为英文并顺利出版。库恩的德译本在欧洲很受欢迎。

（三）全译

这一阶段(1973—1980年),可以称为《红楼梦》的全译阶段。全译本全面、完整地展示了中国古典文化的独特魅力。目前,受到大众关注的《红楼梦》全译本主要是霍克斯译本和杨宪益译本。此外,还有鲜为人知的邦斯尔神父译本。

20世纪50年代末,英国传教士邦斯尔神父(The Reverend Bramwell Seaton Bonsall)完成的《红楼梦》英译本,是西方译者完成的第一个《红楼梦》全译本。该译本仔细考虑了文化差异可能给读者带来的种种困难,充分体现了译者的匠心和苦心。在具体的翻译中,邦译本主要采取了直译的方式,在体现中国传统文化承载的内容如习语、成语等的翻译中,优先保留原文意象和形式。

1973年,由英国汉学家霍克斯(David Hawkes)和其女婿闵福德(John

Minford)合作翻译的《红楼梦》出版,一经推出,广受欢迎。可以说,该版本为中国文学进一步走向世界做出了重大贡献。

1978年由杨宪益和戴乃迭翻译的《红楼梦》,前八十回依据"脂评本"即《脂砚斋重评石头记》,后四十回依据程甲本,是第一次翻译整书,也是为欧美读者提供的最好译本。杨宪益和戴乃迭翻译中国古代典籍时,注重保留源语文化、原文语言形式和内容,适当改变原文意象,顺应目标语规范。

三、《红楼梦》英译翻译策略对比研究

杨宪益夫妇的翻译策略,始终遵循如实介绍中国文化和中国风貌的原则,力求一丝不苟地忠实和还原原作,并且强调翻译作品的艺术性。然而,霍克斯,认为译文首先要做到通俗易懂,让毫无中国文学背景知识的西方读者阅读译文时也做到明白大意,因此他对原文做了一些主观改动,使其更加迎合读者的审美趣味,强调译文的可读性。《红楼梦》英译主要策略分为以下三种,如图5-1所示。

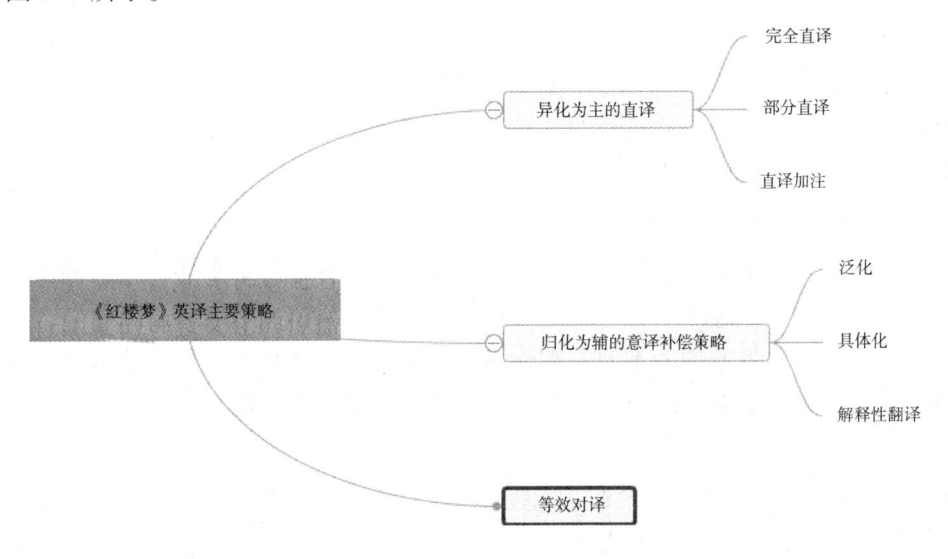

图5-1 《红楼梦》英译主要策略

(一)异化为主的直译

翻译策略并非翻译者自己随意决定的,而是要基于原文的翻译目的。出于保留与传播历史文化、民族宗教、政治制度等文化信息的目的,这些内容需要

以异化为主，当然，不同的译者处理的方式各有不同。

1. 完全直译

完全直译，是指完全保留原文基本文化意象，采用直译的方式翻译成语、俗语等中国特有的文化表述方式。

例一

原文：麝月笑劝他道："你太性急了，俗语说：'病来如山倒，病去如抽丝。'又不是老君的仙丹，那有这样灵药！......"（《红楼梦》第五十二回）

杨译："You must have patience," urged Sheyue. "Haven't you heard the saying: 'Illness comes as fast as a wall falling down, but goes as slowly as unravelling a cocoon'? He's no Lao Jun with a magic elixir to cure you overnight！..."

霍译："Don't be so impatient," said Musk soothingly, "Getting better is always a lengthy business. You know what they say 'Sickness comes like an avalanche, but goes like reeling silk'. This stuff isn't the Elixir of Life, You can't expect it to cure you in a twinkling！..."

原文中作者曹雪芹使用的比喻"山倒"和"抽丝"，在英文中没有对应词，因此，杨译和霍译都采取直译的方法，保留了意象。这样的改动，使语言更加生动形象，译文也更加符合原文，减少了跳脱之感，更加符合人物身份。

"老君的仙丹"这句话源于中国神话典故，对于文化背景并不同的西方读者来说，自然是很难理解的。针对这一问题，杨译选择完全直译，直接翻译为"Lao Jun with a magic elixir"，即便西方的读者不认识太上老君，也可以大概明晓其中含义，带给读者不同的文化感受。霍译选择省略"老君"的意象，不愿"老君"的意象影响读者的思路，也是出于减少读者的阅读障碍的目的。

例二

原文："......巧媳妇做不出没米的粥来，叫我怎么样呢？还亏是我呢，要是别个，死皮赖脸三日两头儿来缠着舅舅，要三升米二升豆子的，舅舅也就没有法呢。"（《红楼梦》第二十四回）

杨译："Even the cleverest housewife can't cook a meal without rice. What do you expect me to do？ You are lucky I'm not one of those thick-skinned people, for then I'd keep pestering you for three pecks of rice today, two pecks of bean tomorrow. What could you have done then.uncle？"

霍译："...Even the cleverest housewife can't make bread without flour. You're lucky you've only got me to contend with. Anyone else in my position would be pestering the life out of you. They'd be round here scrounging all the time: a pound of rice one day, a quart of beans the next. Then you would have something to grumble about！"

根据上文可知，在例二中，两个译文对中国习语的翻译基本一致，在对"粥"一词的解释上，存在一定的差异。因为杨译和霍译一个采取的是归化策略，一个采取的是异化策略，所以它们的差异也可以在此处看得很清楚。

"粥"是中国的一种传统饮食，西方吃得较少，因此，在翻译上存在一定的难度。霍译为"bread"，虽便于西方读者理解大意，但有可能使其产生误解，认为古代中国人也是吃面包的。

杨译选用"rice"一词，传达了准确的文化信息，避免了误解。对"三升米二升豆子"中涉及的数量词，杨译也选择全部直译。霍译改换原文句型为"...one day, ...the next"，这种改变方式也颇为合适。

在译文中出现的第二处画线句子"You're lucky you've only got me to contend with."意为"幸运的是只有我一人缠你"，与原文"还亏是我呢"意思有差距。

例三

原文：（黛玉）听宝玉说上学去，因笑道："好，这一去，可是要'蟾宫折桂'了！我不能送你了。"（《红楼梦》第九回）

杨译：She was sitting before her mirror by the widow and smiled when he told her that he was off to school.

"Good," she said, "So you're going to 'pluck fragrant osmanthus in the palace of the moon'！ I'm sorry I can't see you off."

霍译："Her answer to his announcement that he was off to begin school was smiling but perfunctory: 'Good. I wish you every success. I'm sorry I can't see you off."

在例三中出现的成语典故"蟾宫折桂"是黛玉所说，她用"蟾宫折桂"讽刺宝玉。因为黛玉比较清高，所以看不上所谓的"仕途经济"，黛玉知道宝玉也无心于此。即便宝玉上学，也只是为了与秦钟亲近，读书并非真正为了考取功名，走上仕途。因此，黛玉此处语出讥讽，指出宝玉不愿认真读书，故意引文用典。

杨译对黛玉的想法揣摩比较到位，因此，杨译呈现的内容显得较为合适，与黛玉的想法相似。相较而言，霍译选择采用意译的方式，语气较弱，选取"perfunctory"（敷衍的，马虎的）一词加以弥补，通过此种方式达到了一定的效果。

在例三中，杨译选取直译手段，通过保留原文实景、意象，烘托出"异邦"特色；具体到炼字方面，涉及原文中描写的事物时，尽量采用再现方式，防止读者产生误解。

译者面对园林、建筑场景等相关描写时，要使西方读者能够更好、更快地融入故事氛围，实现让读者领略中国传统文化的效果。

例四

原文：又行了半日，忽见街北蹲着两个大石狮子，三间兽头大门，门前列坐着十来个华冠丽服之人。正门却不开，只东西两角门有人出入。（第三回）

杨译：After what seemed a long time they came to a street with two huge stone lions crouching on the north side, flanking a great triple gate with beast-head knockers, in front of which ten or more men in smart livery were sitting. The central gate was shut. but people were passing in and out of the smaller side gates.

霍译：After being carried for what seemed a very great length of time, she saw, on the north front of the east-west street through which they were passing, two great stone lions crouched on each side of a triple gateway whose doors were embellished with animal heads. In front of the gateway ten or so splendidly dressed flunkeys sat in a row. The centre of the three gates was closed, but people were going in and out of the two side ones.

在例四中，文中涉及"兽头大门"的翻译，关于"兽头大门"一词翻译方式的不同，最终会产生不同的效果。

杨译中选用的"gate with beast-head knockers"，这种翻译的方式，引导读者迅速联想到中国古代侯门公府的有兽头门环的大门，引导读者沉浸其中。

霍译将"兽头大门"译为"animal heads"，"animal heads"这种表述方式，

比较俏皮，甚至让人联想到卡通动物头像，不适用于园林建筑森严的风格。

同样，"角门"是中国古代在名门望族的建筑中常见的设计。"角门"其实就是主建筑边，角落处的小门，角门主要是用于众人日常出入，杨译添加"smaller"，以此种方式，提示读者，角门是一种低于正门地位的小门。

除此之外，《红楼梦》文中涉及大量器物、服装描写的翻译也体现出译者的文化理解。

例五

原文：士隐便说一声"走罢！"将道人肩上褡裢抢了过来背着，竟不回家，同了疯道人飘飘而去。（第一回）

杨译：He transferred the sack from the Taoist's shoulder to his own. and then. without even calling in at his home, he strolled off with the priest.

霍译：But Shi-yin merely snatched the satchel that hung from the other's shoulder and slung it from his own, and with a shout of "Let's go！" and without even waiting to call back home, he strode off into the wide world in the company of the madman.

"褡裢"是一种中国古代民间应用的布口袋，通常选用结实的麻布制作而成。"褡裢"往往呈长方形，中间开口，通常用来放置纸、笔、墨盒等用具。古代商人、道士出远门时，习惯性地将"褡裢"搭在肩上，这样可以空出两手，便于走动。

"褡裢"在英文中不存在绝对对应名词。杨译选用了"sack"（麻布袋）一词，携带"sack"的形象基本符合文中"疯道士"的人物形象。霍译选用了"satchel"，"satchel"指的是男士斜挎包，这种用法比较现代化，这种现代化的描述，与道士形象颇有违和感。

例六

原文：厚地高天，堪叹古今情不尽；

痴男怨女，可怜风月债难偿。（《红楼梦》第五回）

杨译：Firm as earth and lofty as heaven,

Passion from time immemorial knows no end；

Pity silly lads and plaintive maids hard put to it

To requite debts of breeze and moonlight.

霍译：Ancient earth and sky,
Marvel that love's passion should outlast all time;
Star-crossed men and maids
Groan that love's debts should be so hard to pay.

《红楼梦》中的诗歌是其一大特色，也是翻译的一大难点。翻译诗文，要考虑诗的韵律、诗的形态，这本身就是一个难题。

杨译的翻译是以介绍中国优秀文化典籍为目的，多采取直译方式，很好地保留了其中的文化意象。

霍译《红楼梦》中诗歌翻译的长处在于"以诗译诗"，因此，霍译中大部分诗歌做到了押韵，通过这样的方式，带给读者类似的韵律美感。当然，有时为了照顾韵脚，必须舍弃一些原诗意象。

2. 部分直译

部分直译并保留意象，既便于读者理解，又不失文化特色。

例七

原文：（小红道：）"……俗语说的好，'千里搭长棚，没有个不散的筵席'，谁守谁一辈子呢？……"（《红楼梦》第二十六回）

杨译："...The proverb says, 'Even the longest feast must breakup at last', Who's going to stay here for life? ......"

霍译："You know what they said about the mile-wide marquee, 'Even the longest party must have an end'. Well, none of us is here forever, you know."

直译"一千里的长棚"，这种翻译方式是国外没有的，导致外国读者较难理解。国外宴请宾朋不会用棚子的长短来衡量设宴的规模。

因此，这全部直译的翻译方式远远不如选择部分直译。部分直译的效果，相较于全部直译而言，同样传达出了味道和内涵。杨译选择的"feast"和的"last"还产生了叠音的音律之美，提升了语言的表现力。

例八

原文：可叹停机德，堪怜咏絮才。（《红楼梦》第五回）

杨译：Alas for her wifely virtue,
Her wit to sing of willow-down, poor maid!

霍译：One was a pattern of female virtue,
One a wit who made other wits seem slow.

本例中涉及两个典故。其中，"停机德"语出《后汉书·列女传·乐羊子妻》。乐羊子的妻子在听说丈夫并未认真读书求学之后，立马拿出刀割断织布机上的布，告诉丈夫，即便已经有所进展，中途停止最终仍然难以成功。她凭借此方式，规劝丈夫继续求学，不要半途而废。这种规劝丈夫的行为，是古代妇德的标准，文章此处指同样符合封建女子道德标准的宝钗。"咏絮才"出自《世说新语·言语》。谢道韫的咏雪名句"未若柳絮因风起"广为人们所传诵，所以后世称女子的文学才能为"咏絮才"。此处暗指林黛玉。

本例翻译的难点在于这两个典故都有一定的文化背景，如果选择完全直译，并不能完全解释清楚，同时会给读者造成较重的阅读负担。典故用于比喻，同样会让读者感到不解。因此，杨译选择部分直译，保留"咏絮"，而对前一个进行意译；霍译则全部舍弃，都为意译。

3. 直译加注

直译是译者将原文主要内容较为直接地表达出来。直译过程中，涉及欧美国家阅读者难以理解的汉语专业知识时，译者往往通过文尾加注解释的方式传递中国古典文学作品的深刻内涵，这是遵照中国对外交流方式的翻译原则。

例九

原文：（李氏道：）"……我成日家和人说笑，有个唐僧取经，就有个白马来驮他；刘智远打天下，就有个瓜精来送盔甲；有个凤丫头，就有个你。"（《红楼梦》第三十九回）

杨译："It's as I always say: When Monk Tripitaka[1] was searching for Buddhist scriptures, a white horse turned up to carry him; when Liu Zhiyuan[2] was fighting for the empire, a melon spirit appeared to give him armour. In the same way, Xifeng has you."

（杨译注：[1]Monk Xuan Zang of the Tang Dynasty; [2]King of the Later Han in the Five Dynasties Period.）

霍译："Do you know what I tell people about you? I tell them: Just as you can't imagine a Tripitaka going off to India to fetch the scriptures without his white horse or a Liu Zhi-yuan conquering the Empire without a Spirit of the Melon

Fields to give him his armour, so you can't imagine a Wang Xi-feng without a Patience alongside helping her."

在原文中，涉及两个典故，即唐僧与后汉高祖典故。毫无疑问，对于外国阅读者来说这两个典故都是陌生的。面对原文中有关唐僧与后汉高祖典故的翻译，杨译使用了正文中直译人物姓名，并在译文中加脚注的方法，既不影响原文的故事呈现，又提供了相关历史文化背景。

霍译与杨译不同，霍译并没有直译加脚注，相反，他选择在原文中直接简要解释两个典故背后的寓意，帮助读者在阅读的时候形成完整的逻辑框架，以免产生割裂感。

例十

原文：又问第三本，贾珍道："第三本是《南柯梦》。"贾母听了便不言语。（《红楼梦》第二十九回）

杨译："And what's the third？"

"The Dream of the Southern Tributary State."

At this she made no comment.

（杨译注：Based on a Tang story in which a scholar had a dream of great wealth and splendour, then he woke up and found it was just an empty dream.）

霍译："What's the third one going to be？" "The South Branch," said Cousin Zhen.

Grandmother Jia was silent. She knew that The South Branch likens the world to an ant-heap and tells a tale of power and glory which turns out in the end to have been a dream.

原文中的《南柯梦》，同样有典可循。《南柯梦》出自《南柯太守传》，讲述的是南柯太守梦中发家致富，尽享人间繁华，醒来时发觉这是一场虚幻的梦。后人利用"南柯一梦"来比喻白日做梦，梦中的荣华富贵都是虚幻的，最终都将化为泡影。原文中用南柯梦比喻贾府的荣华富贵最终也都将化为泡影。如果没有注释，外国阅读者就不清楚南柯一梦的典故，也就不能理解其含义。杨译选用译音直接翻译注释的办法，将原文的比喻背后隐藏的实际意义以一种浅显易懂的方式传达给外国读者。霍译采取的是增译的手法，解释历史典故，让读者直接从译文中获得专业知识，防止读者一边阅读译文，一边还要寻找注释。但是增译过多有可能会造成更改原文的语言特点的后果，显得译文中叙述语言过多。

（二）归化为辅的意译补偿策略

仅仅采用异化策略是不够的，因此，为照顾上下文和便于读者理解，可以采取意译补偿策略。常见的意译补偿策略主要有泛化、具体化、解释性翻译三种方式。

1. 泛化

泛化是一种常见的意译补偿策略，多见于文化内涵较多的成语、典故、俗语等的翻译。这些对于外语读者来说是较难理解的内容，对于源语读者来说，有些内容同样很难理解。因此，在保持原文的整体意义不变的情况下，译者可以大胆舍弃文化意象，直接翻译其含义。

例十一

原文：贾母见无人，方说道："我听见你替你老爷说媒来了。你倒也三从四德，只是这贤惠也太过了！"（《红楼梦》第四十七回）

杨 译：Once they were alone the Lady Dowager sneered, "Heard you've been doing some matchmaking for your husband. Quite a model of wifely submission and virtue, aren't you? Only you carry the obedience too far."

霍译：When she saw that she and Lady Xing were alone together, Grandmother Jia at last broke her silence.

"I hear you have been playing the matchmaker for your husband," she said, "I must congratulate you on your wifely virtue though I must say. I think that in this case you are carrying wifeliness a little far."

"三从四德"是中国封建社会对女子的一种礼教要求。中国人理解这个词背后的核心含义，明确这是一种礼教要求。这个词对于中国普通读者来说，尚且不能一字一词地翻译，对于外国读者来说就会更加难以理解。因此，译者假如选用详述翻译，也不会起到很好的翻译效果。过长的译文，只会增加译文读者的阅读负担，所以，对于译者来说，采取泛化处理，只传达核心意思，便能达到较好的效果。

例十二

原文：至若佳人才子等书，则又千部共出一套，且其中终不能不涉于淫滥，以致满纸潘安、子建、西子、文君……且鬟婢开口即者也之乎，非文即理。(《红楼梦》第一回)

杨译: As for books of the beauty–and–talented–scholar type, a thousand are written to a single pattern and none escapes bordering on indecency. They are filled with allusions to handsome, talented young men and beautiful, refined girls in history ... and make even the slave girls talk pedantic nonsense.

霍译: And the "boudoir romances", those dreary stereotypes with their volume after volume all pitched on the same note and their different characters undistinguishable except by name（all those ideally beautiful young ladies and ideally eligible young bachelors）—even they seem unable to avoid descending sooner or later into indecency ... What makes these romances even more detestable is the stilted, bombastic language–inanities dressed in pompous rhetoric, remote alike from nature and common sense and teeming with the grossest absurdities.

原文涉及潘安、子建、西子、文君这四个人。其背后都有典故，但原文此处并非应用典故起到引申的作用，而是用这几个人物代指一类包含才子佳人的文章。

译者应率先明确作者之意，在译文中不多解释，直接泛化处理。杨译的"handsome, talented young men and beautiful, refined girls in history"和霍译的"all those ideally beautiful young ladies and ideally eligible young bachelors"都是泛化处理，甚至没有译出人名，防止读者产生困惑，徒增负担。

"之乎者也"是中国古代文言文中，文人常用的语气词，是文人身份的一种隐形标志。原文中应用"者也之乎"讽刺小说中人物语言不符合人物身份，因此，此处的"者也之乎"没有具体文辞意思，泛指迂腐、刻板的语言。

杨译和霍译都选用泛化的意译。特别值得一提的是霍译的翻译内容。霍译是在译者已经理解原文大意的基础上，自主调整原文的行文顺序以一种更加适合符合西方读者的顺序，采用的语言和谐恰当，做到了与原文语言风格一致。

例十三

原文：黛玉忙拦道："这宝姐姐也忒'胶柱鼓瑟'，矫揉造作了。这两首虽

于史鉴上无考，咱们虽不曾看这些外传，不知底里，难道咱们连两本戏也没有见过不成？"（第五十一回）

杨译：Dai-yu at once objected, "Don't be so <u>sanctimonious and strait-laced</u>, dear cousin. The last two incidents may not appear in historical records, and not having read the romances from which they come we may not know the details, but we've surely all seen the operas based on them."

霍译："Don't be so stuffy, Chai！" said Dai-yu, "Talk about '<u>gluing the bridges of the zither</u>'！ It's true that the subjects of those last two poems can't be found in the history books, but how can you say that you don't know what they are？ Even if, as well-bred young ladies, we may not read the books in which they are to be found, we've all watched plenty of plays."

黛玉此处用典就是为了表明自己明确其中缘由，是为了表达清楚自己的意思。

翻译的首要原则，应该是实现文章的"达意"。因此，对比两例中译文的最终表达方式，杨译做到了"达意"，而霍译译为"the fox's sympathy for the hunted hare"，即"狐狸对被捕兔子的同情"，对于读者来说，并没真正起到解释的作用。相反，部分读者甚至会联想到英语谚语"shed crocodile's tears"，这句英语谚语与原文意思相反，必然会造成读者的误解。后面的"gluing the bridges of the zither"霍译中没有加以解释，当读者不熟悉中国的乐器时，就会产生云里雾里的感觉。

例十四

原文：凤姐笑道："我看你厉害。明儿有了事，我也<u>丁是丁卯是卯</u>的，你也别抱怨。"（《红楼梦》第四十三回）

杨译："What a terror you are," protested Xifeng, smiling, "Don't complain next time you are in trouble if I <u>put on the screws</u>."

霍译："You're a hard woman！" said Xi-feng, "One of these days when I have you at a disadvantage, you mustn't complain if you find me <u>just as much of a stickler</u>."

"丁是丁卯是卯"是一句民间俗语，民间俗语的翻译是翻译者的难题之一。

"丁"指的是物品的突出之处，通常情况下，指榫头。"卯"指的是物品的凹陷之处，通常情况下，指铆眼。

"丁是丁卯是卯"是指丁卯合位，一丝不差。该俗语形容一个人做事认真、固执，隐含不肯通融之意。

如果译者坚持直译俗语，在译文中解释，需要较多的笔墨，干扰主要信息。这样的翻译，即使读者读完，也无法全然理解意思，最好的选择就是译者放弃俗语的再现，直接译出核心含义。

2. 具体化

例十五

原文："自古说：'妻贤夫祸少，表壮不如里壮。'你但凡是个好的，他们怎得闹出这些事来！"（《红楼梦》第六十八回）

杨译："As the saying goes,'A good wife keeps her husband out of trouble, a sound woman counts for more than a sound man.' If you were any good, how could they do such things？"

霍译："There's a very old saying:'A good lining gives a garment strength and a husband with a good wife has few calamities.' If you'd been a good wife to Zhen, he and the others would never have got up to this mischief."

对于"表壮不如里壮"，原文并没有清晰说明其中的意义，整体意义比较模糊。前一句说，丈夫有才能也不如妻子有才干，对应来看，"表"指丈夫，"里"指妻子，妻子应该能相夫治家，只有这样，丈夫才少灾祸。

杨译中"a sound woman counts for more than a sound man"是将"表壮不如里壮"的意义具体化，内容清晰通畅。而霍译则将其译为英文中的另一条谚语"a good lining gives a garment strength"，将"表""里"的含义理解为衣服的"表""里"，并没准确解释原文的意义，增添了读者的负担。

3. 解释性翻译

例十六

原文：（宝钗笑道：）"……咱们也算同病相怜。你也是个明白人，何必作'司马牛之叹？'"（《红楼梦》第四十五回）

杨译："...Fellow-suffers can sympathize with each other. Why should an intelligent girl like you lament your lack of a brother？"

霍译："...In other respects we have enough in common to think of ourselves as fellow-sufferers. If you can see this–as with your intelligence I am sure you must–you have no cause to go echoing Si-ma Niu's complaint:'All men have brothers, only I have none.'"

原文中的"司马牛之叹",选自《论语·颜渊》:"司马牛忧曰:'人皆有兄弟,我独亡(无)。'"后人常用此句来表达对没有兄弟、孤立无援的感叹,《红楼梦》中薛宝钗以此典故宽慰林黛玉。

这句话在英语中没有完全对应的表达,因此,难以解释清楚,杨译直接完全舍弃原文,仅仅传达了原文的基本意思。

例十七

原文:宝玉因想道:"能病了几天,竟把杏花辜负了!不觉倒'绿叶成阴子满枝'了!"因此仰望杏子不舍。又想起邢岫烟已择了夫婿一事,虽说男女大事,不可不行,但未免又少了一个好女儿。不过两年,便也要"绿叶成阴子满枝"了。(《红楼梦》第五十八回)

杨译:"Just a few days' illness and I missed the apricot blossom," thought Baoyu, "Now 'Green leaves make a shade and the boughs are filled with fruit.'"¹

Lost in contemplation of the tree, he thought of Xiuyan and her recent engagement. Though marriage was something everyone must go through with, this would mean one good girl the less: in just a couple of years she would be burdened with children as this tree was with fruits.

〔杨译注:¹ Line from a poem by Du Mu (803-852).〕

霍译:"What a shame!" he thought, "Just those few days in bed and I missed the apricot blossom. And in among the green leaves now."

'The young fruit hangs from every bough'

He stood and gazed at the tree. They were Du Mu's lines, written on his last visit to Hu-zhou, when he met the beautiful young dancer of a dozen years before and found that she was now a married woman with a brood of children. How did it go?

The spring-time blossoms, white and red.

Before the thieving wind have fled;

And in among the green leaves now

The young fruit hangs from every bough.

He thought of Xing Xiu-yan's betrothal. It would only be a year or two now before she married, and soon she too, like the girl that Du Mu wrote about, would be a mother with a brood of young children about her. People had to marry, of course, they had to reproduce their kind. But what a way for a lovely young girl to end!

原文中的"绿叶成阴子满枝"是选自杜牧《叹花》(一作《怅诗》)中的诗句。诗句描述了作者看到一位心爱的女子，经历了嫁人、生子的人生阶段，面对年华老去的惆怅。《红楼梦》中利用杏树结子的"子"和女子生子的"子"一语双关、借景抒情。杨译在后一种表达中，把"子"的双关意分别用"fruits"和"children"来加以解释，既保留了原诗的本体，又展示了寓意，表达更是文笔精练。另外，在诗句在此处第一次出现时，译者选择用注释的形式加以解释，以此提供了文化背景。

霍译的处理方式也是颇具特色的。霍译将杜牧的诗作，甚至杜牧成诗的故事背景融入译文，导致译文与原文在内容和形式两方面都产生较大的改变。这种处理方式，真正使译者的主体性得到有效发挥，而且使读者在阅读的时候更能体会到宝玉此时感叹时光易逝、美人易老的心境。

（三）等效对译

汉语中的一些习语、谚语等，有的在英语中有意义相同或者相似的等效表达。等效对译往往方便读者的理解，同时可以保留原文简洁的语言风格。

但是，由于英汉语言之间存在差异，风土人情、语言表达习惯等也不尽相同，本体、喻体完全相同的习语是极少数。因此，在英汉翻译时，套用英语习语的形式，必须根据汉语，进行特有的风格、意象调整表达，等效对译就是一种较好的翻译策略。

例十八

原文：刘姥姥道："这倒不然。谋事在人，成事在天。咱们谋到了，看菩萨的保佑，有些机会，也未可知。"（《红楼梦》第六回）

杨译："Don't be so sure," said Granny Liu, "Man proposes, Heaven disposes. Work out a plan, trust to Buddha, and something may come of it for all you know."

霍译："I wouldn't say that," said Grannie Liu, "Man proposes, God disposes. It's up to us to think of something. We must leave it to the good Lord to decide whether he'll help us or not. Who knows, he might give us the opportunity we are looking for."

原文中的"谋事在人，成事在天"是中国的一句谚语。霍译没有直译或者泛化处理，而是用英文谚语"Man proposes, God disposes"替代，这样的等效对译虽然在一定程度上改换了原文的意象，但便于西方读者理解。杨译改为"Man proposes, Heaven disposes"，既保留了原文的意象，对读者的阅读也没有造成困难，甚至可能给读者带来新奇感。

《红楼梦》是中国古典文学的经典之作，代表中国文化发展水平，对于这样一部作品的对外翻译，其评价指标并不是单一的。中国文化典籍对外翻译必须把译出语文化特有的风土人情、宗教信仰等用最恰当的方式翻译出来。

中国文化典籍译文的最大作用是能使外国读者了解中国语言文化的独特之处，一步步推动中国文化走向世界。翻译应该以异化和直译为主，归化和意译为辅，必须在总体上充分保留原著的文化信息；在翻译的细节处理上，充分考虑读者的接受度，并适当增删和做解释性翻译，以方便读者理解。

第三节 《聊斋志异》翻译策略比较

一、《聊斋志异》简介

《聊斋志异》是由中国清代小说家蒲松龄撰写的驰想幻域，映射人间、借由精怪讽喻现实、表现人情世故的作品。蒲松龄是一位怀才不遇的文人，一生命运多舛，身居下层社会。正因如此，蒲松龄了解下层社会百姓疾苦，这对他的创作影响很大。

《聊斋志异》是作者蒲松龄通过搜集民间关于精怪的传说加以创作的，全书共计五百余篇作品，如梦似幻，将现实与幻想相结合，将精怪现实化，具有独特的审美价值。《聊斋志异》中的作品主要分为两类：美情小说和讽喻小说。美情小说主要通过故事赞颂人性的真、善、美。作者通过幻想的方式赞美青年女性的美好之处，并且借由此种方式神化、美化爱情的力量；同时借由这些理想的情感故事，赞颂人世间的真情真爱，并且具有反封建的思想价值。讽喻小说则主要对社会中存在的丑和恶加以针砭，揭露当时社会的一些弊害对人的摧残。

《聊斋志异》中除去一些精怪故事，一些现实人物的传奇故事同样受到人们的关注。无论是故事中人物的奇异行为还是鲜明的人物性格，都是独特的存在。另外，《聊斋志异》中还有一部分专门记述被采访人见闻的笔记，其中有一些写实的生活描述。作者善于捕捉富于意蕴和情趣的感受和琐闻，寥寥几笔就栩栩如生。

《聊斋志异》作为一部文言小说集，形式多样、文体兼备，在小说发展史上确属罕见。

二、《聊斋志异》英译概述

《聊斋志异》自1784年被译为日文，到20世纪初，已有多个外语语种的译文。英语译本可分为零散译文、选译本和漫画译本，目前尚未有全译本。

（一）零散译文

1842年，德国传教士郭实腊（Karl Friedrich August Gützlaf）在《中国丛报》第11卷第4期首次译述了《聊斋志异》中的9个故事。

1848年，美国汉学家卫三畏（Samuel Wells Williams）在《中国总论》中翻译了《种梨》和《骂鸭》两则选自《聊斋志异》的故事。

1877年，英国汉学家翟理斯（Herbert Allen Giles）在《华洋通闻》（Celestial Empire）第1、2期上发表了《罗刹海市》和《续黄粱》的译文。1882年，他在《古代中国短篇作品》上发表了《金和尚》的译文。

1907年，英国汉学家禧在明（Walter Caine Hiller）在《中文学习指南》中收录了自己翻译的《义犬》等13篇《聊斋志异》中的故事。

1921年，德国汉学家卫礼贤（Richard Wilhelm）在《中国神话故事集》中收录了自己翻译的《小猎犬》等9篇《聊斋志异》中的故事。

第五章 字字珠玑——中国明清小说作品翻译比较

1922年,《中国文学瑰宝》(Gems of Chinese Literature)一书收录了卫礼贤的《聊斋志异》等的译文。同年,英国社会学家沃纳(E.T.C.Werner)的《中国神话与传统》中收录了翟理斯的《河间生》等的译文。

1956年,杨宪益与戴乃迭合译了《王成》等5篇故事,并发表在《中国文学》第1期上;1962年,他们合译的《婴宁》等3篇故事发表在《中国文学》第10期上。

1978年,美国汉学家刘绍铭(Jaseph S.M.Lau)和马幼垣(Y.W.Ma)在《中国传统故事:主题与变奏》中收录了Lorraine S.Yieu等人翻译的《侠女》等6篇故事。1978年,勒文森(Christopher Levenson)在《金盒子》中收录了自己翻译的《葛中》和《恒娘》。

1983年,张其昌(H.C.Chang)在《中国文学:神的故事》中收录了自己翻译的《窦氏》等4篇故事。

1991年,佩吉(Alex Page)在《中国故事》(Chinese Tales)一书中收录了自己翻译的《画壁》等16篇故事。

1995年,丁往道的《中国神话及志怪小说一百篇》中收录了他翻译的《娇娜》等10篇故事。同年,吴燕娜(Yenna Wu)翻译了《马介甫》,发表在《译丛》第43期上。随后,她将这篇译文连同自己后来翻译的《江城》等4篇故事一起收录在她所编著的《河东狮吼:中国明清时期的悍妇故事》一书中。同年,佛若特(Eannette Faurot)在《亚太地区的神话和传说》一书中收录了自己翻译的《画皮》。

1996年,桑梓兰(Tze-lan Deborah Sang)翻译了《封三娘》,并将某作为自己博士学位论文的例证。1999年,闵福德(John Minford)和唐文(Tong Man)在《东亚历史》中收录了翟理斯的《莲香》的译文。

2000年,梅维恒(Victor H.Mair)在《哥伦比亚中国传统文学精选》一书中收录了他和梅丹理(Denis C.Mair)翻译的《促织》等3篇故事。

(二)选译本

1880年,伦敦的德拉律出版社(Thos.de la Rue & Co.)出版了翟理斯英译的两卷本 Strange Stories from a Chinese Studio,含有164篇《聊斋志异》故事。此译本后来由多个出版社数次再版。此外,美国海安国际出版公司(Heian International Inc.)分别于1989年和1994年选取其中的部分译文,取

名 *Strange Tales from Ancient China* 和 *More Strange Tales from China* 并出版。

1894 年，仰光德瓦兹出版社（De Vaz Press）出版了由 J.A.Maung Gyi 和 Tunlun Hsieh 合译的《聊斋志异》选译本 *The Celestial Mirror*，其中含有 24 篇故事。

1913 年，霍顿·米夫林出版社（Houghton Mifflin Company）出版了乔治·苏利埃·德莫朗（George Soulie le Morant）的英译本 *Strange Stories from the Lodge of Leisures*，收录了 25 篇故事。

1946 年，纽约潘西恩图书公司（Pantheon Books Inc.）出版了邝如丝（Rose Maud Quong）的英译本 *Chinese Ghost and Love Stories*，该书选译了 40 篇故事。

1976 年，牛津大学出版社出版了 Benjamin China 的英译本 *Chinese Tales of the Supernatural*，书中选译了 16 篇故事。

1981 年，《中国文学》杂志社出版了 *Selected Tales of Liaozhai*，其中含有 17 篇故事的译文，大多为杨宪益、戴乃迭所译。此译本于 1987 年由新加坡亚太图书有限公司再版，书名更改为 *Liaozhai Stories of Fox Fairies, Ghosts & Other Marvels*。

1982 年，香港商务印书馆出版了由卢允中、陈体芳、杨立义、杨之宏翻译的 *Strange Tales of Liaozhai*，选译了 50 篇故事。1988 年，香港商务印书馆出版了该译本的修订本，并增加了 34 篇故事。

1988 年，外语教学与研究出版社出版了由莫若强、莫遵中、莫遵均的译本 *Selected Translations from Pu Songling's Strange Stories of Liaozhai*，选译了 20 篇故事。

1989 年，外文出版社出版了美国汉学家梅丹理和梅维恒的译本 *Strange Tales from Make-do Studio*，选译了 51 篇故事。该译本于 2005 年由太平洋大学出版社再版。此外，2001 年，外文出版社从该译本中挑选了 30 篇故事再版，收录在《经典的回声》丛书中。

1997 年，人民中国出版社出版了 3 卷本 *Strange Tales from the Liaochai Studio*，选译了 194 篇故事。译者包括张庆年、张慈云、杨毅、郝光锋、孔伟、郭林、江志平、鲁启文、陆江、范惠强、张验。

1998 年，香港商务印书馆出版了由王娟翻译的 *Passages from Strange Stories of Liaozhai*，选译了 15 篇故事。

2003年，美国和加拿大的冻原出版社（Tundra Books）出版了Michael Bedard的译本 *The Painted Wall and Other Strange Tales*，选译了23篇故事。

2006年，英国企鹅出版集团出版了霍克斯（David Hawks）与闵福德合译的 *Strange Tales from a Chinese Studio*，共收录了104篇故事。

2007年，外文出版社出版了 *Selections from Strange Tales from the Liaozhai Studio*。该书入选"大中华文库"，共收录了216篇故事，是迄今为止国内选译《聊斋志异》篇目最多的译本。该书中文版采用张友鹤的点校本，英译主要采用黄友义、张庆年、张慈云、杨毅、梅丹理和梅维恒等人的译文，由北京大学中文系马振方教授作前言。

2008年，中国书籍出版社出版了由旅美华人宋德利编译的汉英对照版 *Strange Tales of a Lonely Studio*，选译了20篇故事。

2008年，美国杰恩出版公司（Jain Publishing Company）出版了由宋贤德（Sidney L. Songdergard）翻译的 *Strange Tales from Liaozhai* 的前两卷，收录了166篇故事。

三、《聊斋志异》英译翻译策略对比研究

（一）叙述语言、人物语言的翻译

1. 叙述语言

《聊斋志异》的叙述语言保持了文言体式的基本规范，简洁明快，以散句为主，兼用骈句，达到了典雅工丽而又清新活泼的境界，极富形象性和表现力。

例一

原文：乱山合沓，空翠爽肌，寂无人行，止有鸟道。遥望谷底，丛花乱树中，隐隐有小里落。下山入村，见舍宇无多，皆茅屋，而意甚修雅。北向一家，门前皆细柳，墙内桃杏尤繁，间以修竹，野鸟格磔其中。（《婴宁》）

"大中华文库"译本：He found himself surrounded by endless mountain ranges, covered with greenery. The scenery soothed his whole body. The place was very quiet with not a single passer-by and only a narrow, precarious path that seemed unnegotiable except by birds. In the distance, at the bottom of the valley, he could see vaguely a small village nestled among flowers and trees. He made his way down the hill and entered the village. There were not many houses and they were all thatched huts, but set in a lovely, quiet environment. Facing north was a hut with willow trees in front of the door, and within the wall, peach and apricot trees were in full bloom, a midst tall green bamboos, attracting many singing birds.

闵译: He found himself climbing into an enchanted landscape, range upon range of green hills stretching as far as the eye could see, with not a soul in sight and nothing but a tiny, steep mountain trail to follow. As he continued on his way, far away down in the valley below, hidden in an overgrown tangle of flowers and trees, he caught sight of a little hamlet. He clambered down the hill side towards it and found a few simple buildings, nothing more than a cluster of rustic thatched cottages, but nonetheless a place with a certain refinement and charm. Before one of the cottages, situated towards the northern end of the hamlet, was a stand of weeping willows, while inside the cottage's garden walls could be seen a flourishing orchard of peach and apricot, interspersed with delicate fronds of bamboo. Birds sang in the branches.

霍译: He found himself right in the midst of them, enjoying their exquisite verdure, but meeting no one, and with nothing better than mountain paths to guide him. Away down in the valley below, almost buried under a densely luxuriant growth of trees and flowers, he espied a small hamlet, and began to descend the hill and make his way thither. He found very few houses, and all built of rushes, but otherwise pleasant enough to look at. Before the door of one, which stood at the northern end of the village, were a number of graceful willow trees, and inside the wall plenty of peach and apricot trees, with tufts of bamboo between them, and birds chirping on the branches.

宋译: peaks and hill crests were up and down every way. Green and fresh, the place was so cool as to cause him to feel chilly. Extremely quiet, no human beings were to be seen except for some birds flying among the cliffy mountains. Looking at the valley bellow, Wang found a village indistinctly visible among trees and flowers at the deep bottom. Entering the village, Wang found only a few houses all of which were elegant thatched cottage. The one facing north caught his eyes. In front to the gate, willows were dancing, and within the walls, apricot and peach already came into pink flowers among which there were some tender bamboos with wild birds perching in the green leaves.

四种译文，虽然表现形式各有不同，但是都成功再现出优美而又带有诗意的环境。"大中华文库"的译本力图还原原文的文言形式，因此语序、断句、句长等方面都与原文趋同。闵译、霍译和宋译按照英文的习惯形式，将英语中的长句、独立结构、连接词、分词结构、同位语和状语结构一一呈现，争取形神兼顾，体现了文言典雅的特色。

例二

原文：自得女，逸甚，心德之。(《聂小倩》)

"大中华文库"译本：Ever since Xiaoqian had come along to help, the old lady had felt very much relaxed and was grateful to her.

霍 译：Ever since Xiaoqian's arrival all this was changed, and Ning's mother felt kindly disposed to the girl in consequence.

闵译：Having Little Beauty to help took a great load off her, and with the passage of time she grew fond of her.

宋译：The girl left.but felt quite easy ever since Xiaoqian's coming.

原文仅以寥寥数语便生动形象地描写出了人物的动作和心理，言简而蕴含深意。这是蒲松龄惯用的表述方式。蒲松龄具备深厚的语言功底，这需要在翻译的过程中得到凸显。

霍译和闵译并未刻意追求语言的精简，使用增词和解释，译文读起来一目了然，形式符合英语的表达习惯，但篇幅较长，不能很好地体现原文的语言形式特征。

2. 人物语言

《聊斋志异》的角色语言灵活多样。蒲松龄善于用人物自己的语言来突显其性格特点。正因如此，原文中每一个人物的语言都不尽相同。文中很多描述达到了如临其境的境界，因此，在翻译中重现原文的对话并与现实一致至关重要，译文翻译要像原文一样栩栩如生。

例三

原文:"姊姊乱吾种矣。"……"姊夫贵矣。创口已合,未忘痛耶?"(《娇娜》)

"大中华文库"译本:"Sister, you've confused our seeds." ... "You're in a distinguished position now, Brother-in-law. The wounds have healed, but I hope you haven't forgotten the pain."

闵译:"You have mingled our two species, cousin." ... "You are such an important man now, and your old wound is completely healed. But you still remember the pain!"

宋译:删去未译。

例句选自娇娜的原话,字数不多。蒲松龄仅用短短的十八个字,就使娇娜聪明、文雅、活泼、风趣的少妇形象跃然纸上。而且在与表姊的对话过程中,娇娜语气亲热而随便,但是在对姊夫说话时,明显看得出娇娜注意把握分寸。

文章中关于"乱"字的翻译,"大中华文库"译本以"confused"来对应,比闵译中的"mingled"一词更加准确,再现了年轻少女开玩笑、与表姊亲昵、风趣的语气。同样,"大中华文库"译本以"You're in a distinguished position"对应"姊夫贵矣",比闵译的"You are such an important man"更能表现出恭贺、尊敬的语气以及娇娜的注意分寸。"未忘痛耶?"一句中,"大中华文库"译本和闵译分别用陈述句和感叹句对应,前者增加了"I hope"以体现委婉的语气。两者都考虑了逻辑的连贯而增加了"but"一词。相比之下,"大中华文库"译本更贴近原文问询的语气,体现出调侃而不逾矩的言语效果。

例四

原文:"个儿郎目光灼灼似贼!"(《婴宁》)

"大中华文库"译本:"That young man's burning eyes are like those of a thief!"

霍译:"That young fellow has a wicked look in his eyes."

宋译:"This guy's glaring at us fiercely just like a thief!"

闵译:"Who is that young man staring at me, with those burning burglar's eyes?"

第五章 字字珠玑——中国明清小说作品翻译比较

原文中婴宁面对王子服的"目光灼灼",只感到被冒犯,并不理解王子服的目光是为了她。蒲松龄简短几句话,直接写出来婴宁的纯真和不谙世事。

"大中华文库"译本采取了直译,霍译省略了形象的比喻。宋译与闵译增加了"at us",点明目光所指的对象,指向明确,但是这种挑明的表述方式缺失了婴宁的纯真之感。闵译中加入了疑问词,用"who"说明婴宁感受到了王子服的目光,但是尚不明确他的目光指向。

例五

原文:生曰:"我非爱花,爱拈花之人耳。"女曰:"葭莩之情,爱何待言。"生曰:"我所为爱,非瓜葛之爱,乃夫妻之爱。"女曰:"有以异乎?"生曰:"夜共枕席耳。"女俯首思良久,曰:"我不惯与生人睡。"……媪曰:"饭熟已久,有何长言,周遮乃尔。"女曰:"大哥欲我共寝。"……生急以他词掩之,因小语责女。女曰:"适此语不应说耶?"生曰:"此背人语。"女曰:"背他人,岂得背老母。且寝处亦常事,何讳之?"(《婴宁》)

"大中华文库"译本:Wang said, "It's not the flower I love, but the person who played with the flower." Yingning said. "We are cousins, of course relatives love one another." "I'm not talking about love between relatives," Wang said, "I'm talking about the love between husband and wife." "Are they different?" Yingning asked and Wang replied, "They sleep together, that's all." Yingning lowered her head and turned that thought over in her mind. Then she said, "I'm not used to sleeping with a stranger." ... The old woman said, "The meal's been ready for a long time. How come you have so many things to talk about? There seems to be no end to your chattering." "My big brother wants to go to bed with me," said Yingning ... Wang thought up some thing to cover the moment. Then in a lowered voice, he rebuked Yingning, who asked, "Shouldn't I have said that just now?" Wang said, "Those are words you say only when there's no one listening." "I can keep it from others, but how can I keep it from mother? Besides, there's nothing extraordinary about sleeping, why keep it a secret?"

霍译: He said, "I didn't care for the flower itself, it was the person who picked the flower." "Of course," answered Yingning, "everybody cares for their relations, you needn't have told me that." "I wasn't talking about ordinary relations," said Wang, "but about husbands and wives." "What's the difference?" asked Yingning. "Why," replied Wang, "husband and wife are always together." "Just what I shouldn't like," cried she, "to be always with anybody." ... "Dinner has been ready for a long time. I can't think what you have had to say all this while," grumbled the old woman. "My cousin," answered Yingning, "has been talking to me about husbands and wives." ... Wang immediately put her off with something else, and whispered to Yingning that she had done very wrong. The latter did not see that; and when Wang told her that what he had said was private, answered him that she had no secrets from her old mother. "Besides," added she, "what harm can there be in talking on such a common topic as husbands and wives?"

闵译："It's not the blossom I love, It's the person who held it in her hand."

"We're not even that closely related. How can you talk about loving me?"

"I don't love you as a relation. I love you as a man loves a woman, as a husband loves a wife."

"What difference is there?"

"Husband and wife share the same pillow and mat at night. They sleep together."

Yingning lowered her head in thought for a while, "I am certainly not used to sleeping with strange men."

...

"The meal's been ready for a long while," said the old woman, "What can you have been so busy talking about that kept you so long?"

"Cousin Wang says he wants to sleep with me, she blurted out."

... Wang hastily diverted her attention and changed the subject, at the same time whispering to Yingning that she had been in discrete.

"Shouldn't I have said what I just said?" she protested.

"Not in front of others. It's a secret."

"I don't have any secrets from Mother. And besides, where one chooses to sleep is not so special. There's no secret about that, surely?"

宋译："I don't love the flower." He told her, "I just love the person who

· 148 ·

picked the flower."

"It's only the sort of feelings about flowers," the girls said, "It's far from being love."

"The love I mentioned isn't the one among relatives," he said, "It's the love between husband and wife."

"Any difference?" asked she.

"It's the love concerning sleeping in the same bed at night," he said.

Thinking for a long period, the girl said, "I'm not used to sleeping with strangers."

...

"The dinner is ready. What's the need to have a long conversation," the old lady said, "A short dialogue is enough."

"My brother wants to sleep with me," the girl told her mother.

... Wang tried to put off the lad with something else and blamed the girl in a low voice.

"I shouldn't say like that, should I?" asked the girl.

"This sort of words must be said behind other people's backs," Wang told her.

"Behind the backs of others. That's OK. But how can I say it behind my own mother's back?" asked the girl, "And further, it's normal to sleep with someone familiar. What's the need to avoid it?"

蒲松龄善用语言对话体现人物的性格特点。在原文的这一段中，他并未采用多少描述性的表达方式，而是采用简单的人物语言，通过对话淋漓尽致地体现了婴宁"呆痴如婴儿"的性格特征，一方面突出了婴宁纯洁无瑕、天真烂漫、纯真可爱的形象，另一方面打造出憨话变成妙语的奇特美学效果。

婴宁和王子服关于"花"的对话中涉及"情""爱"两词。针对此处的翻译，"大中华文库"译本、闵译和宋译将其直译为"love"，霍译则用"care for""ordinary relations"来一一对应。

"夜共枕席"在"大中华文库"译本、闵译和宋译中均为直译。闵译不仅翻译了"枕席"的核心含义（sleep），还翻译了其字面意思，即"share the same pillow and mat"。霍译为"husband and wife are always together"，显然译者是为了避免过于直白而采用了委婉的说法，但译文与原文偏离太大。

"女曰：'大哥欲与我共寝。'"一句在霍译中被完全删除了，其他几个译文都采用了直译。其中，闵译将"曰"字译为"blurted out"（不假思索地脱口而出；直言不讳），似乎是想进一步凸显言语的内容。"适此语不应说耶？"一句，只有霍译改译为"The latter did not see that"，将直接引语改为转述，将原文的问句改为陈述句，效果显然没有原文中以人物本身的语言来表现其性格那样生动传神。

"且寝处亦常事，何讳之？"一句，霍译采用模糊化的译法"such a common topic as husbands and wives"以达到委婉的效果。"寝处"的意思为"坐卧，息止"，闵译的"where one chooses to sleep"和宋译的"to sleep with someone familiar"都不准确。

总结以上四种译本，"大中华文库"译本更接近原文，译文力求还原语气、用词原文的风貌。闵译一方面保留字面意思，另一方面采用归化、补充等方法，将原文蕴含的意思直接呈现给读者，意在保留原汁原味的同时减轻英语读者的阅读负担。

（二）语言风格的翻译

本部分将从诗歌语言的翻译、典故的翻译和口语的翻译三个方面，讨论《聊斋志异》语言风格的翻译。

1. 诗歌语言的翻译

《聊斋志异》中蒲松龄善用诗词歌赋，实现句式对仗，成文错落有致，凭借浓郁的诗意，增加了小说的韵味。

例六

原文：面壁吟曰："曾经沧海难为水，除却巫山不是云。"（《娇娜》）

"大中华文库"译本：He turned around to face the wall and recited two lines from a poem by the Tang Dynasty poet Yuan Zhen: "No water's wide enough when you have crossed the sea; no cloud is beautiful but that which crowns the peak."

闵译：He stared at the wall, and heaved a deep sigh:

"Speak not of lakes and streams to one who knows the splendor of the sea;

The clouds around the magic peaks of Wu are the only clouds for me."

（闵译注：I have adapted Herbert Giles' version of these famous lines from a poem by the Tang-dynasty poet Yuan Zhen）

宋译：Deep in thought for a long time Kong said,"Unnecessary."

"大中华文库"译本和闵译都"以诗译诗"。如前文所述，用诗歌翻译诗歌，最能再现原文语言的简洁优美。译文与原文一样委婉而意味深长。"大中华文库"译本增加了有关原作者及其朝代的信息，从而增强了诗意的氛围。宋译则完全忽略了诗歌的形式和意象，直接根据语境指向说话者的意图。

例七

原文：四座方思，生即应云："君子爱莲花。"（《莲花公主》）

"大中华文库"译本：As they were still struggling to come up with a matching line, Dou said: "A gentleman loves lotus flower."

霍译：While the courtiers were all engaged in thinking of some fit antithesis, Dou added, "Refinement loves the Lily flower."

（霍译注：In this favorite pastime of the literati in China, the important point is that each word in the second line should be a due and proper antithesis of the word in the first line to which it corresponds.）

闵译：Even as the courtiers were busy racking their brains for an answering line, Dou sang out: "A gentleman cherishes the lotus flower."

（闵译注：A gentleman cherishes the lotus flower: An allusion to the famous eulogy of the lotus by the Song-dynasty philosopher Zhou Dunyi.）

"君子爱莲花"取自北宋周敦颐的散文《爱莲说》中的"予独爱莲之出淤泥而不染"。这里的引文使语言富有诗意。这三个翻译都是直译。霍译和闵译都通过注释帮助读者感受原文的独特性。

2. 典故的翻译

《聊斋志异》巧妙地运用了很多典故，既增强了作品的浪漫情调，又丰富了作品的修辞应用，充满了艺术感染力。

例八

原文：公子命弹《湘妃》。（《娇娜》）

"大中华文库"译本：The youth asked for the tune The Lament of Xiangfei.

闵译：Huangfu told her to play for them the air known as "Bamboo Tears".

（闵译注："Bamboo Tears"：The ancient sage-ruler Yao nominated as his successor a peasant named Shun, and gave him both his daughters in marriage.At Shun's death these Indies are said to have drowned themselves in the River Xiang, having wept so much that their tears literally "speckled" the bamboos growing beside their husband's grave.）

宋译：删去未译。

"大中华文库"译本对《湘妃》这一曲名及其所含典故的翻译，采用了音译加释意的方法，使读者一目了然。但是，它的缺点也很显而易见。对于不熟悉中国历史文化典故的国外读者来说，闵译对《湘妃》的处理显然更为可取。首先，他将之译为"the air known as ""Bamboo Tears"，告知读者《湘妃》是一个曲目的名称，然后再加注对 Bamboo Tears 加以说明，以使读者了解这个典故的情节。

例九

原文：一夕，女惨然入，曰："君陇不能守，尚望蜀耶？今长别矣。"（《香玉》）

霍译：One evening, Xiangyu arrived in a melancholy frame of mind, and told Huang that he was wanting more when he couldn't even keep what he had got, "for tomorrow," said she, "we part."

宋译：One evening, Fragrant Jade came sadly, "You're even unable to safeguard me, let alone Red Snow," said she, "I come here only for a long separation from you."

此例中的"君陇不能守，尚望蜀耶？"是中文典故"得陇望蜀"的变异说法。翟理斯的译文是泛化翻译，只翻译基本意思。宋译采用的则是具体化翻译，根据上下文的具体情况，将原典故体现得淋漓尽致，翻译得非常贴切。

3. 口语的翻译

《聊斋志异》作者蒲松龄力图使文言文口语化，尤其是其中的人物对话，虽是文言文，但非常浅显易懂。这进一步增强了中国古典小说的新颖性，进一步拉开了其与传记文本的距离,使其更加生动有趣。例如,《翩翩》中有一段极为生动的对话,体现了文言文"雅"和白话"俗"的优点。

例十

原文:"花城娘子,贵趾久弗涉,今日西南风紧,吹送来也!小哥子抱得未?"曰:"又一小婢子。"女笑曰:"花娘子瓦窑哉!那弗将来?"(《翩翩》)

"大中华文库"译本:"Sister Huacheng, it's been a long time since your last visit. The southwest wind is blowing strongly today. Did it bring you here? Have you given birth to a fat baby again?" Huangcheng answered, "A fat baby girl." Pian Pian went on poking fun at her, "Look, you've become a daughter-producing factory. Why didn't you bring her here?"

闵译:"It's been such an age since your last visited, dearest Sister Flower!" returned Butterfly, with a teasing smile, "What Fair Wind of Love blows you here today? And have you had your little baby boy yet?"

"Actually I had a girl."

"What a doll factory you are!" quipped Butterfly, "Didn't you bring her with you?"

这一段中虽间有"之乎者也"等文言虚词,但总体来说却明白如话,让人一读即懂。其中,"西南风紧"等口语至今广为流传,尚为大众所乐用。另外,"花娘子瓦窑哉"中巧妙运用典故为语言增色不少,体现出风雅、诙谐、活泼的整体风格。

两个译文都体现了口语化的特点,如多次使用"you"和多用短句等。"西南风紧"采用直译,强调原文诙谐活泼的风格。值得注意的是,两个译文分别用"poking fun at her"和"teasing""quipped"等增词表达法,来突出原文诙谐生动的风格。关于瓦窑的典故,两个译文都采取了意译法。"大中华文库"的翻译并没有体现典故的形式,虽然有点遗憾,但译文却与闵译一样准确又不失幽默感。

(三)语篇的翻译

1. 叙述方式的翻译

叙述方式包括直接引用和适当引用。其中,直接引用不仅能生动地表达人物的个性，而且有助于推进情节，充分体现小说的戏剧效果。

《聊斋志异》中许多故事都可以反映作者对女性命运的关心和思考，呈现出浓厚的女性主义色彩。作品中的主角很多都是女性，有些故事甚至直接以女主的名字命名，她们敢爱敢恨，敢于打破封建藩篱，大胆争取幸福的爱情和婚姻。小说中大量直接引用女性语言，代表了女性的心声和经历。霍译将直接引语改为旁白，使原文中的人物被叙述者操纵，剥夺了其说话的权利。不仅如此，叙述者的主观成分也改变了读者对人物的认知。因此，霍译虽然流利、地道，但原文中的很多"情节"在译文中变成了"故事"，多视角变成了单一视角。同时，原著中女性意识色彩的内容几乎没有得到有效保留。

2.篇幅和段落分布的处理

英语与汉语在段落划分上具有完全不同的习惯。大体来说，中文文本的分段理据属于内在的意合，而英文的分段理据是外在的形合。中文文本的段落是按故事情节划分的，即根据不同的时代、不同的地点、不同的人物，分成不同的情节，形成不同的段落。如果引文属于同一情节，则可以将其与叙述文本合并到同一段落中。在英语中，文本划分的主要依据不是情节，而是引语的形式，对话中各种人物的引语必须分成单独的段落。这种区分属于两种语言的系统性区分，即语言习惯形成的强制性要求。

上述译文处理"贴近原著"和"满足读者阅读需求"关系的不同策略反映了经典作品的表达取决于特定国家的阅读习惯、读者的期望以及目的语的文学和文化语境。

中国文化在世界的影响力逐渐扩大，西方对中国传统文化的认知也逐渐从认可到接受再到欢迎。因此，英国汉学家对《聊斋志异》的翻译策略，已经从以迎合读者喜好为前提的中国文化传播，演变为不仅忠实于中国文化的"混合翻译"，而且兼顾读者和嫁接两种语言之美。这种翻译策略的历史变化与译文读者对时间变化的接受规律是一致的。值得注意的是，早期译本客观上巩固了《聊斋志异》在英语读者心目中的地位，对后续译本在英语世界的进一步传播起到了重要作用。

第六章 遐迩闻名——中国典籍作品海外传播影响

第一节　中国典籍作品在英国的传播

汉文化的持续繁荣，使得中国古代文学在英国得到更广泛的传播和研究。英国传教士和外交官完成的是推动中国典籍作品走向世界的开创性工作。19世纪中叶后，英国传教士和外交官踏上中国土地，他们很快就被中国古老的文明和源远流长的文学遗产所吸引。经过一段时期的学习和研究，在他们当中诞生了许多优秀的汉学家，其中不少人回到英国担任大学中文教授，投入更多精力在英国传播中国古代文学。

在消除语言障碍的过程中，英国人开始直接接触中国古代文学，许多古代小说都是他们学习汉语的"教科书"。随着中文语言能力的不断提高，他们阅读书籍的范围越来越广，对中国古代文学的了解也越来越多，其中一部分人自觉或者不自觉地开始了中国典籍作品的研究工作。虽然他们最初的主要兴趣可能是中国的思想、文化、道德、风俗、历史、地理、宗教和哲学，但他们逐渐被中国典籍作品所吸引，成为中国古代文学的爱好者和自发的书籍翻译家。

一、对中国古代诗歌及诗人的译介

(一)《诗经》

《诗经》作为中国历史上最古老的诗集，是中国古代诗歌的源头之一，其意义不言而喻。自英国汉学界开始接触中国古代文学以来，《诗经》就被许多译者翻译并引入英国，多次被翻译，有不同的英文版本。

英国人最早是通过杜赫德编辑的《中华帝国全志》得知《诗经》这一源自东方中国的诗歌经典的。《中华帝国全志》的英译本中有对人的高尚品德和才能的赞美、对诸侯国风土人情的描写、对神灵的各种隐喻，具有艺术特色的独创性。

英国著名汉学家理雅各最先翻译了整部《诗经》，这是他编纂的《中国经典》的一部分。在中国学者王韬的大力协助下，《诗经》的英文译本相当准确地把握了《诗经》的原意，对一些难以理解的典故进行了额外的解释，并附上注释。此次翻译为英国读者消除了语言障碍，使其可以更好地理解和欣赏

《诗经》。

(二) 陶渊明与《玉台新咏》

魏晋南北朝虽然是一个动荡不安的时期，但同样是中国古代文学发展的重要阶段，有人称魏晋南北朝为"文学自觉时代"。因此，20世纪后活跃的英国汉学界，对于魏晋南北朝的文学极具兴趣，除了对这一时期的诗歌作品进行全面的翻译和呈现外，还出现了《中国两汉魏晋与南北朝诗歌选》这样专门的译介作品。

其中，陶渊明是这一时期重要的代表作家之一，他被誉为"古今隐逸诗人之宗"。随着20世纪英国汉学的繁荣，他的创作成就和诗作得到了进一步的翻译和传播。

陶渊明诗歌的主要成就是陶渊明对诗人自我肖像的创作。陶渊明对诗人自我肖像的创作是一种接近完美的文学创作，其他文人学者可以在这幅肖像中很容易地辨认出自己。他创造的诗人自我肖像充满了中国古代知识分子共同信奉的最高精神价值。

《玉台新咏》是一部由南朝陈徐陵编选，在中国文学史上继《诗经》《楚辞》以后的第三部古代诗歌总集，它的译介对于中国文化走出国门具有重要意义。

1982年，安妮·比莱尔选译的《玉台新咏：早期中国爱情诗选》正式出版，标志着这本艺术著作走出国门。安妮·比莱尔翻译《玉台新咏》有三个动机：一是纠正西方读者长期以来认为中国爱情诗歌发展水平较低的偏见；二是《玉台新咏》尚未被完全翻译，具有极强的翻译价值；三是寻找南北朝时期的诗歌与唐朝诗歌之间的联系。

本书的引言，在介绍了中国南北朝时期的历史背景和"宫体诗"创作的客观条件后，评价了《玉台新咏》所代表的情诗在中国古代文学史上的意义。安妮·比莱尔注意到，中国古代儒家思想对文学观念的影响深远。尽管《诗经》和《楚辞》中有很多表述爱情的诗歌，但由于儒生受儒家思想影响颇深，在对这些诗作注解时，总是把它们政治化或道德化，带有一定的说教色彩。这种情况一直没有改变，直到南宋朱熹写了《诗集传》和《楚辞集注》，才恢复了相当一部分爱情题材的作品的本来面目。

(三) 唐诗与白居易、李白

按照西方诗歌的标准，唐代盛行的格律诗具有韵律绚丽、蕴含音乐美等特点，是中国古代诗歌发展的顶峰。因此，在中国文学向英国传播的过程中，唐诗脱颖而出，从一开始就引起了英国汉学家的关注。最初翟理斯的《中国文学史》用大部分篇幅介绍唐诗，全书主体部分440页，其中唐诗部分有46页。

进入20世纪后，唐诗的翻译走上新的巅峰，参与唐诗翻译工作的译者层出不穷。1937年，剑桥大学出版社出版了储达皋的《中国抒情诗选》；1976年，耶鲁大学出版社同时在伦敦和纽黑文出版了弗兰克尔编著的《桃花与宫女：中国诗歌注释》。特别是1977年，耶鲁大学出版社再次在伦敦和纽黑文出版了由欧文和格雷厄姆编译创作的《初唐诗》。这本书在传播唐诗方面取得了突破性的进展。

在唐诗的译介工作中，韦利一直扮演着重要的角色，他为译介工作做出了突出的贡献。除了《诗经》，唐诗一直是他最感兴趣和最执着的领域。他特意向留英的中国诗人徐志摩询问了唐诗的格律。最先引起韦利注意的是唐代大诗人白居易。出于兴趣，他先后翻译了白居易的108首不同体裁的诗歌，并将其编入各种中国古典诗歌的译本中。通过翻译和介绍诗歌，他还了解到白居易生平的一些重要事件和细节。在此基础上，1949年，韦利专门为白居易写了一本传记——《白居易的生平与时代》，以记载白居易的生平，向西方读者全面介绍白居易。

韦利称赞了白居易诗歌的最大特点——简洁易懂，并指出这就是白居易诗歌影响深远的原因，甚至包括其在日本的影响。他还注意到白居易给友人元稹的信中所概括的诗学理论，即《与元九书》，认为诗歌的重点在于内容重于形式，内容应该是具有道德性的。但在他看来，白居易创作诗歌的实际情况与他所支持的理论并不相符，因为后人之所以知道白居易，是因为他是《长恨歌》的作者，但这首诗的风格恰恰是浪漫的。他觉得这很"讽刺"。另一首著名的长诗《琵琶行》甚至没有政治或道德含义。在这里我们可以发现西方人在接受汉学的过程中对东方文化的普遍误解，他们不明白中国古代诗人大多继承了"风雅笔行"的传统，希望以智者的名义说话；相比之下，西方文学追求独立，更注重形式而不是内容。韦利觉得白居易的文学主张和文学创作有差距，必须从这个角度来理解。

后来，伴随着韦利对中国唐诗的深入了解，唐代大诗人李白引起了韦利的注意。但这一次，由于韦利受到英国传统价值观的影响，以及他自己对诗歌的理解，诗情优美、性格更为复杂的李白并没有受到韦利的认可。正因如此，在翻译的时候，韦利没有公平地对待李白，由此导致英国人对李白和他的诗歌的理解产生了巨大的偏差。

李白是中国伟大的诗人之一，号称"诗仙"。他才华横溢，同时恃才傲物，有文人的风骨，不惧怕位高权重的人。他的才情与不拘小节以及他的诗篇一直受到中国人的尊重和赞扬。

然而，1950年，在韦利在传记《李白的诗歌与生平》的结语部分评价李白说："如果我们作为讲道德的人来衡量他，那很明显，会有许多人出来声明，反对他的道德品行。"在他的作品里，李白表现得自夸自负、冷漠无情、挥霍放荡、不负责任和不诚实。因为存在文化差异，李白在韦利的作品中有着"不道德"的名声。显然，韦利心存许多从维多利亚时代流传下来的保守的英国文化的道德标准。

因此，在韦利叙述李白生平，按时间顺序介绍李白代表作的过程中，李白酷爱喝酒仿佛成为一大过错。虽然在西方文化传统中人们也谈论醉酒带来的巨大创造力，但韦利似乎并未明确，他所翻译的李白的长诗《梦游天姥吟留别》也正是李白在微醺的状态下完成的，并成为流传千年的杰作。

韦利还指责李白因为醉酒，而让他看起来不像一个真正的大丈夫，甚至认为李白饮酒成性而无法担任官职。但事实上，这不是李白不在官场的原因，真正的原因还是李白深陷政治斗争。唐代存在的门阀制度，在地主阶级内部引发了一场寒门与士族之争。李白在这种政治形势下，坚持正义之言，最终失去了进入官场的机会。所以，韦利的指控并不完全正确。此外，韦利对李白"不负责任、冷漠、不诚实"的批评也是片面的。其书中收录的安史之乱时李白所写的乐府诗《豫章行》，表现了诗人对战争进程的关注，以及对深受战争迫害的劳苦大众的关心与同情。由此可见，李白并非冷酷无情。

综合来看，韦利的这本李白传也有其可取之处。比如，他查证了李白的出生地，看到了李白与佛教的联系，这些调查都很有见地。同时，他对李白诗歌采取了谨慎调查的态度，表现出他学术行为的严谨。

二、对中国古代小说的译介与研究

（一）志怪小说与《聊斋志异》

中国古代小说在发展过程中经历了一个盛产"志怪小说"的阶段。

"志""纪"仍是指历史著作,用于记录重大事件。而"怪""异"则是古代神话的记录,是神话故事不断发展的痕迹,受国内外宗教文化的影响。这就是中国古代小说最早的类型——志怪小说的起源。到了汉魏六朝,由于修仙炼丹术的盛行、道教的兴起和佛教的传入,志怪小说发展更为迅速。

英国人早就关注这些志怪小说,尤其是干宝的《搜神记》,这部小说是六朝志怪小说合集。早在 1812 年,马礼逊的传教译本《中国之钟:中国通俗文学选译》就将选自《搜神记》的故事翻译后,记载其中。1922 年倭纳的《中国的神话与传说》出版,1938 年翟林奈的《仙人群像》出版,1938 年爱德华兹的《中国唐代散文作品》出版,以上几本书都选译了《搜神记》及后来的志怪小说。

志怪小说来源于民间故事,到了唐代及以后,作家们也有意识地投身于志怪小说的创作,其中最成功、影响最大的是清代蒲松龄的《聊斋志异》。

《聊斋志异》也很受英国读者的欢迎。在 1860 年代和 1870 年代初期,迈耶斯与艾伦个人英文译本在香港的英文杂志上发表。从此之后,英国学者、读者对这本书的热情高涨,这本书屡译屡出、势头不减。

该书中关于蒲松龄生平的传记资料非常翔实和直白朴素。志怪小说集《聊斋志异》在内容上强调现实和人情味,虽以神鬼狐妖世界的形式写成,却包含了很多讽刺和含蓄的批评,尤其是对官僚的腐败和科举制度弊端的揭露。在艺术手法上,《聊斋志异》是对唐宋明三代志怪小说的继承、发展和超越。

(二)话本小说

原有的志怪小说发展于唐代,其中产生并流传下来的一个分支,叫作传奇小说。"传奇"这个名字来源于唐末裴铏所著的《传奇》一书。从名字上看,"传说"恰好与"志怪"相近,是给大唐传说注入了新的元素。在其发展过程中,一个重要的因素是加入了流行的民间说唱文学。于是,又一种重要的中国古代小说类型——话本小说应运而生。

所谓"话本",是民间艺人的生存"根基"。作家创作的仅供阅读的作品称为"拟话本"。两者都是取材于宋代城市经济初现,发展至明代达到鼎盛时期,清代仍有一部分作品产生。

著名专集有明末冯梦龙纂辑的《喻世明言》《警世通言》《醒世恒言》和凌濛初编著的《初刻拍案惊奇》《二刻拍案惊奇》,合称"三言二拍",共约 200

篇作品。由于杜赫德的《中华帝国全志》被翻译成三部明代话本小说，而英国公众也通过该书的两部英文译本了解了中国短篇小说的风格，明朝的中文小说成为当时英国较为流行的文学作品之一。

进入20世纪，话本小说的重要英译者有豪厄尔，他先后译出了《今古奇观》里的十多篇作品，最初的六篇结集为《不坚定的庄夫人及其他故事》。第二次世界大战前后，英国读者对话本小说的兴趣仍有增无减。1941年，伦敦戈登·柯科尔出版社印行了阿克·顿与李义谢（音译）合译的故事集《胶与漆》，内含《醒世恒言》的四个话本小说。1948年，此书经伦敦约翰·莱曼出版社重印，改题为《四谕书》，由著名汉学家韦利撰写序言。

另一位在20世纪翻译和介绍话本小说方面取得显著成就的汉学家就是白之。白之是韦利的学生，1948年至1960年在伦敦大学东方学院教授中文的同时，专注于中国小说的翻译研究。1955年，《东方学院通报》第17卷第3期发表了他的《话本小说形式上的几个特点》一文，次年出版欧洲著名汉学刊物《通报》第18卷第3期发表了他的第二篇论文《冯梦龙和〈古今小说〉》。1958年，他的译作《明代短篇小说选》在伦敦博德莱·希德出版社出版。该书出版后不久就广受好评，奠定了他在汉学领域的地位。

在《明代话本小说选》一书的导言部分，白之还直接引用了《古今小说》序言，阐述了小说作为通俗文学的性质和作用，呈现了冯梦龙的生平和作品。英国读者对明代最重要的通俗作家冯梦龙的小说，以及冯梦龙收集、加工、编辑留下的文本，均产生了良好的印象。白之对话本小说的译介，在多位英国学者的翻译作品中，属上乘之作，在西方汉学界颇受好评。这显然与他的研究和努力有关。

（三）长篇小说《金瓶梅》

《金瓶梅》是中国历史上第一部由专门的文人作家创作的小说，这也奠定了它在中国古代文学史上不可替代的地位。之前的小说，如《三国志》《水浒传》等，最初是一种民间艺人的口头文学，经过几代人的集体创作和迭代更新，最终编成一本书，成为呈现在我们面前的作品。而《金瓶梅》是真正的文学创作的成果，但很可惜，创作者并没有留下真名，只知其笔名为兰陵笑笑生。

《金瓶梅》是一本真正意义上的"禁书"，这也是其名扬四海的另一个原因。

《金瓶梅》通过作者的笔墨反映了封建制度长期压迫下的人的人性。但这部小说还有另一个价值体现，即该书充分刻画了西门庆这个富商、放贷者、地主、官僚的新型人物形象。他无疑是城市商业贷款经济的产物，以经商和高利贷开始创业。这种商业贷款经济在一定程度上得到了政府的认可和保护，小说反复重申西门庆是"放官吏债的"就是明证，但商业贷款经济自然与宗法制、小农经济和封建官僚制度密切相关。

西门庆通过放债，聚积财富，并用其来购置房产、地产，谋得官职。可以说，这是中国古代文学作品中独一无二的形象，来自工商业有所发展的封建社会晚期的特殊历史环境。同时，小说通过巧妙的结构展现了明代社会生活的方方面面，因此，该书不仅仅是描述主人公经历和故事的叙事小说，也是一本反映中国古代社会生活的独特书卷。这部小说的语言也很独特，也正是因为这个原因，袁宏道才把《金瓶梅》誉为"云霞满纸"。

20世纪，英国人开始将目光投射到《金瓶梅》上，更加重视这本"奇书"。1939年，克莱门特·伊杰顿完成的《金瓶梅》的全译本，改题为《金莲记》正式出版，该书共分四卷。本书的翻译由老舍先生指导，所以译文比较正确，而且是一本完整的译文，没有对原文做任何总结，便于研究，受到学术界广泛好评，多次再版。

在此之前，英国人了解《金瓶梅》主要是通过在欧洲比较流行的书籍，即库恩的德文译本。同时，库恩自己的翻译经验也帮助他们认识和理解《金瓶梅》。

1984年，凯瑟琳·卡列兹在《现代中国》杂志第10期发表的《〈金瓶梅〉中的家庭、社会与传统》一文，从家庭这个中国社会最基本的细胞开始，对《金瓶梅》文本进行解读。

卡列兹认为，家庭对于中国而言有特殊的意义，在过去的几个世纪，一直是中国文学的重要主题。卡列兹首先考察了明代其他文学作品中描述的家庭。一方面，由于明代小说和戏剧的全面发展，明代小说和戏剧的作家基础扎实，写作技巧与手法复杂。另一方面，明代内部矛盾的激化，特别是封建伦理与人性的尖锐冲突，也成为家庭题材开始在文学中占据重要地位的现实基础。她认为，明代的许多剧目，从《琵琶记》到《五伦全备记》，甚至《双忠记》《香囊记》，都强调家庭和睦，捍卫道德。

卡列兹还比较了元代作品和明代作品在表达爱情和婚姻方面的不同倾向。元代作品多以青年男女的浪漫爱情故事为主，明代作品则以婚姻家庭为主。夫妻相隔千山万水，历尽千辛万苦重逢，是明代大部分剧目的内容，而由此所体现的主人公的"德""孝"，无不为皇帝所赞美和称颂。卡列兹特别关注到，明代作家改编或修改的作品中加入了皇帝的干涉。他表明，在明朝作家改编自元代作家乔吉的《两世姻缘》从而创作出的《玉环记》中，多了一个皇帝决定完成婚姻的情节。

卡列兹想证明《金瓶梅》中描述的家庭结构和家庭生活，在明代是普遍存在的。的确，由于家庭是中国古代封建宗法制社会最基本的组成单位，《金瓶梅》一书中，对西门庆家族的剖析，也是明朝末年社会的核心视角。封建时期小说通过针对日常生活中看似微不足道的细节的描写，揭示了西门庆的家族才是万恶之源，展示了这个大家庭的内部危机。最后，以西门庆的惨死为契机，呈现了这个家族必然的命运，也就是毁灭。

卡列兹的结论反过来又印证了《金瓶梅》创作的主要倾向，即弘扬传统家庭理想，巩固"五伦"。就这样，《金瓶梅》从表现出消极负面内容的社会小说变成了具有积极意义的教化小说。

卡列兹从家庭角度切入对《金瓶梅》的研究与批评，视角新颖。然而，卡列兹所表达的社会面貌非常有限。在卡列兹评述《金瓶梅》的文章中，我们再次看到了中西方文化背景的差异，以及文学观念和探索方法的不同。

（四）《西游记》

被誉为中国四大名著之一的著名古代小说《西游记》，是由吴承恩创作完成的。全书共100章，概括描述了玄奘和孙悟空、猪八戒、沙僧等历经磨难，终于到达西天，取得真经的故事。

《西游记》主要可以分为孙悟空大闹天宫的故事、唐太宗和玄奘的故事、西游取真经的故事三部分。可以确定，唐宋时期，作为《西游记》的创作原型，唐代高僧玄奘到印度研习佛经的传记资料已经与传说故事相分离，传说故事独立成为流传甚广的神话故事。在这个神话故事的发展过程中，其部分内容保存在元末吴昌龄所著的杂剧《唐三藏西天取经》和杨讷所著的杂剧《西游记》中。明朝嘉靖年间，吴承恩经过大规模艺术加工和再创作，完成了长篇小说《西游记》。

《西游记》在中国是家喻户晓的小说，不仅有专门的文学著作，而且在民间被转化为戏剧。这一深受中国百姓普遍喜爱的著作，很快引起了英国汉学家的注意。翟理斯在《中国文学史》中翻译、描述了《西游记》第七章（如来用五行山压住孙悟空）和第九十八章（接引佛祖助师徒四人到对岸成佛）的情节。

1942 年，韦利翻译的《猴王》，是众多英译本中影响最为深远的。其从内容来看，有两个主要部分，分别是孙悟空大闹天宫的故事、唐太宗和玄奘的故事。这样，读者就可以对唐三藏和孙悟空师徒的来历、取经目的形成一个完整的印象。对于另外两位参与取经的猪八戒和沙僧，甚至是驮着行李的白龙马，韦利还翻译了相关章节，并说明了他们的来历。

韦利的翻译对《西游记》的第三部分有所遗漏，取经的经历中，他只选择了乌鸡国、车迟国、通天河的经历。之所以只选取以上三个部分加以翻译，可能是因为原著《西游记》有太多类似的降妖除怪的经历，显得冗长。所以，在 40 多个取经故事中，韦利只是简单地挑选和翻译了这三段。韦利借助典型案例突出唐僧师徒西天取经的艰辛历程。

当然，这样的翻译同样考虑了读者接受度的因素。作为一名翻译，韦利本人是佛教文化的研究者，他对弘扬佛教的描写部分无疑更感兴趣。至于通天河，光是"*The River That Leads to Heaven*"这个名字就让读者印象深刻，仿佛渡过这条河可以通天。在《猴王》中，韦利将通天河三章安排在唐僧师徒到达西天一章之前，不得不说这是韦利应用在翻译结构上的一个技巧。此外，韦利在每章末尾处，采用类似于中国小说"欲知后事如何，且听下回分解"的表述方式，一方面体现了其翻译较为地道，另一方面体现了其独特的翻译技巧。

由于韦利的《猴王》基本再现了《西游记》的原貌和神韵，这个版本的译作受到西方文雅大众的赏识，广受好评。韦利对《西游记》的研究，不仅停留在翻译层面，他还研究了唐三藏的原型——历史上真正的玄奘和尚。他特别写了长文《真正的三藏》，详细介绍了相关的传记资料。

《西游记》后来有了更完整的翻译。1977 年，芝加哥大学出版社出版了华裔学者余国藩的《西游记》英译本。这是《西游记》第一个完整的英文翻译。今天，英文读者有机会读到更完整的《西游记》译本，但韦利译的《猴王》一书，依然是一部不可磨灭的作品，像是一个里程碑，记录了中国古代小说来到英国的历程。

三、对中国古代戏剧的译介及研讨

(一) 元杂剧

当古典戏剧在欧洲流行时,英国戏剧是莎士比亚的天下,可以说,骄傲的英国人,顾不上将目光投射在其他国家的戏剧上。18世纪,来自中国的《赵氏孤儿》在英国上演,受到英国观众的喜爱与赞美,但这也是现存的少有的受到英国观众喜爱的外国歌剧。进入19世纪后,中英两国直接接触逐渐增多,中国戏剧的译介也更为频繁,但总体来说,这种传播仍停留在文学层面,作为舞台剧目,中国的戏剧还是鲜少被搬上英国舞台。此时,中国舞台上正在上演的中国传统戏曲,也伴随着两个国家联系的日益紧密,被英国人慢慢了解。

第一位翻译中国古代戏剧的英国汉学家是德庇。1817年,他翻译了元杂剧《老生儿》。《老生儿》的作者是元初的武汉臣。《老生儿》描绘的是主人公刘从事捐出家产,乐于行善,晚年得子的故事,勾勒出中国传统伦理道德,较为典型,因此被德庇选中。

1829年,德庇又翻译了另一部元杂剧,即马致远的《汉宫秋》。《汉宫秋》呈现了唐明皇与杨贵妃的爱情悲剧。《汉宫秋》整体基调伤感,译者的文笔佳,因此在译作出版后产生的影响更大。《汉宫秋》的英译也被认为是德庇译作中的代表作。《汉宫秋》英译本的出版纠正了利玛窦"中国戏剧中很少有动人的爱情故事"的说法及其造成的外国人对中国戏剧的错误印象。

除了上面两部元杂剧的翻译外,还有一些其他的翻译让英国人对中国古代戏剧有了不一样的认知。1821年,多马·斯当东翻译图理琛的《异域录》时,间接介绍了关汉卿的《窦娥冤》和马致远的《岳阳楼》。1901年翟理斯在《中国文学史》中专门设有一章,描述了中国戏剧的发生和发展历程,并介绍了中国戏剧的表演情况和戏剧文学的显著特点。这是当时文学观念上的一次大胆创新。另外,他还追溯了唐代的歌舞、祭祀和梨园制度。

从19世纪初到第二次世界大战后将近一个半世纪,中国古代戏剧文学在走出国门方面没有进展。中国戏剧作品与西方的悲剧和喜剧概念相近,但是东西方文化存在一定的差异,并非所有的概念都可以简单套用。当然,只要理解和尊重中国戏剧的特点,努力克服中国古代戏剧语言、翻译和引进的障碍,还是可以有所作为的。

（二）全真剧

宋元以来，道教发展达到鼎盛，杂剧的创作受道教影响，在题材方面，有专门描写仙人或真人的剧种，可称其为"神仙道化剧"。

"全真剧"可以说是其中的一个特殊剧种。全真剧研究一直是较为冷门的研究，因为它涉及宗教与文学的关系，处于跨学科研究的前沿。英国汉学家霍克斯对全真剧有所研究。1981年，他在发表于《远东法兰西学院学报》的文章《"全真剧"与全真祖师》中，探讨了全真教流行对元杂剧创作的影响，以及全真祖师的形象。

霍克斯的研究始于著名剧作家马致远的《马丹阳三度任风子》与元末明初剧作家杨景贤的《马丹阳度脱刘行首》这两份手稿。

《马丹阳三度任风子》中的主人公任风子是一名屠夫，马丹阳是全真祖师派来的，去甘河城引渡任风子。任风子看到马丹阳显灵后，一心皈依全真派，跟着马丹阳种菜。任风子经受重重考验后，最终登上瑶池，成为真人。

霍克斯对"全真剧"的兴趣，体现在他对任风子的研究上。他将手稿的曲调与宾白区分开来，因为曲调根据音乐节奏是有要求的，一般比较固定，而宾白则不受限制。他通过不同版本的对比，得出以上结论。

总体而言，霍克斯对"全真剧"的研究表明，在全真教形成和普及的过程中，"全真剧"的影响一方面是相关宗教题材的产生，另一方面是相关人物形象与情节术语的研究。但是，由于文学作品本身的特殊性，这种转换不可能是简单的史实复制，相反，必须在一定程度上吸收传说和神话的元素，完成相关作品的翻译。所以，如果我们考察宗教对文学作品的影响，就不能指望它是一种直接的因果关系，或者仅仅是一种移植关系。这显然对我们跨学科的文学和宗教研究具有指导意义。

从最初的间接引进到后来的直接译介和研究，中国古代文学典籍在英国的传播历时几个世纪。一代又一代热爱中国古典文学、热衷于中英文化交流的人们，经过努力，将中国古代文学和伟大的诗人、作家介绍到了英国这片土地，让更多的人得以更全面地了解中国历史，并以独特的视角进行研究，揭示中国古代文学蕴含的深层意义。此种途径进一步扩大了中国古代文学的影响。

不仅如此，由于英语是世界通用语言，对中国古代文学典籍作品的英文翻译、介绍和研究成果也为其他英语国家的读者所接受。正是通过这种方式，中国古代文学走向了更广阔的国际空间，走向了世界。

第二节 中国典籍作品在德国的传播

一、起源、传播特点

中国长期以来与德国之间有着较为紧密的经济和文化联系。古典文献和著作的翻译始于 16 世纪和 17 世纪之交。17 世纪，以中国古典文化典籍翻译为标志，是欧洲接受中国思想影响的早期阶段。随着启蒙运动的到来，思想家们改变了他们在宗教界的初衷，在中国古典哲学中找到了新的、不同的思想源泉，以促进人性的发展。这场意味着欧洲现代精神形成的启蒙浪潮，也带来了欧洲对中国文化的接受，中国文学的传播成为其重要内容之一。

18 世纪，中国的戏曲、小说等文学作品首次进入德国人民的视野，以两次文学事件为标志。

第一次文学事件，是指 1747 年至 1749 年间杜赫德的法语版《中华帝国志》第三卷出版。本书收录了元杂剧《赵氏孤儿》《今古奇观》中的三部小说，还有《诗经》中的十首诗。

第二次文学事件，是指 1766 年慕尔将中国小说《好逑传》的威尔金森夫人英译本转译成德文。这是第一部被翻译成德文的中文小说。

同时，《赵氏孤儿》，其戏剧性的冲突触及并体现了中国道德观中的舍己为人的自我牺牲和道德风尚，在启蒙运动时期引起了欧洲的关注。针对前文中提及的伏尔泰的《赵氏孤儿》译本，1761 年在维也纳出版了路德维希·科恩的转译本。1774 年，一位自称弗里德里希斯的作家将《赵氏孤儿》改编成《中国人或公正的命运》，他的改编是以六步抑扬格诗的形式完成的，并最终将这首诗呈现给了魏玛王子。

19 世纪，中国文学在德国的传播进一步发展。在诗歌、小说、戏剧等主要文学体裁中出现了几部经典作品的译本，如《诗经》《楚辞》等都有相应的译本。

进入 20 世纪的文化大交流时代后，更多的中国文化典籍被翻译为德语。经过两百多年的努力，基本形成了较为完整的中国文化典籍德译本。但中国古典文学在德语区的传播与欧语区的传播具有相同的特点，如传播之初受拉丁文的影响，是从拉丁文转译中国文化典籍。这与德语区汉学的发展类似，也密切相关，德国汉学和中国文化典籍在德国的传播起步较晚，后来才迎头赶上。即使在 20 世纪初，许多德文的中国文化典籍也不得不从法文、英文和其他欧洲语言翻译过来。

翻译成德语的中国文化典籍较为丰富，包括诗歌、词、赋、戏剧、小说等各种文学体裁。虽然中国文化典籍的翻译时间是存在先后差异的，但我们仍然可以根据中国文学史的线索，重构一个简单的中国文学德译史。

这部中国文学德译史呈现了传播中国文化典籍的另一面：翻译最广泛的中国文学，即德语世界最流行的中国文学，不一定是最好的作品。比如，19 世纪，《好逑传》并非中国流传较为深远的小说作品，但是却成了翻译的重点。译介的重点基本遵循以精英文学为主的原则。

形成这些特点的原因有很多。比如，受历史环境的限制，如《好逑传》等小说之所以被翻译成德文，就是因为这类小说在法国、英国等国家较为流行，因此，传播到了德国。同时，也有翻译者个人喜好因素的参与，其实现了对冷门作家的发掘。例如，在世界大战之后，西方陷入了精神恐慌，卫礼贤向遥远的中国寻求解决出路；库恩改译中国文化典籍，本质上迎合了寻找小说猎奇情节的德国读者的审美情趣。正是由于这些原因，中国文化典籍至今在德语世界中仍然进行着广泛的传播。

二、汉学西播的杰出使者

（一）卫礼贤

向德语读者介绍中国古代文明是汉学家工作的重要部分。卫礼贤原本是作为同善会的传教士来到中国的，他在中国生活了 20 多年，为持续引进中国经典而自豪。他翻译的儒家经典有《论语》《孟子》《大学》《吕氏春秋》《礼记》，道家经典有《老子》《列子》《庄子》等。

卫礼贤最有影响的译本是德文版的《易经》，是他在山东学者劳乃宣的指导下，用十年时间完成的。卫礼贤的许多哲学和学术著作的翻译，包括《中国精神》，为其带来了世界性的声誉，也影响了包括黑塞、荣格等在内的西方精英学者。在文学方面，他还翻译了许多小说、民间传说，诗歌等。

可以说，卫礼贤是中国文化传入德国的重要人物。他的翻译作品对现代德国文化生活的方方面面产生了不可估量的影响，包括哲学、文学和心理学。这种影响也延伸到整个西方世界。时至今日，许多西方世界中使用的《易经》仍然是从德语翻译而来的。在中国典籍作品翻译方面，他是西方汉学领域杰出的文化传播者之一。

（二）查赫和库恩

查赫在 1901 年至 1919 年担任奥匈帝国外交官，主要居住在中国。随着第一次世界大战的结束和 1919 年奥匈帝国的崩溃，查赫辞职了。他定居在巴达维亚的郊区，他的学术成果继续从那里源源不断地产出。

库恩作为一名法学博士，在柏林东方语言学院学习了两年汉语。1909 年，他成为派驻北京帝国大使馆的翻译，后来成为派驻哈尔滨的副领事。但 1912 年他离开外交界回到柏林，与高延一起在柏林新成立的汉学专业任教，并花了六年时间研究古汉语。受一本书法译本的启发，库恩开始将《今古奇观》这本通俗小说翻译成德语，从此成了自由职业的文学译者。

查赫和库恩有不同的翻译领域和不同的翻译风格。查赫除了翻译唐代诗人李白、杜甫、韩愈的诗作外，还翻译了司马相如、张华、陶渊明、苏东坡等人的作品以及《中国文选》全集，据统计，查赫的著作有 320 部，其中成书 12 部，期刊文章 84 篇，书评 224 篇。查赫认为"准确的翻译"是他的学术目标。他说他的翻译纯粹是给研究汉学的人的，而不是给普通读者的，因此具有一定的学术性。他总是乐于从原著的翻译中寻找大量的引文，解释典故，研究出处。

第一次世界大战后，库恩开始致力于将中国古典文学引入德国，他的翻译已经取得了成果。他一生中出版了近 30 部译本。1930 年至 1934 年，他先后翻译了《金瓶梅》《红楼梦》《水浒传》三部名著，在德国掀起了中国小说热。库恩翻译的特点是节译加改译，其译文文笔流畅，语言优美，可读性强。

第三节　中国典籍作品在法国的传播

一、法国汉学的走向

法国汉学扎实而充分地吸收了前人的研究成果，相关学者借助完善的学术机制和全面的学术方法进一步发展汉学。法国的汉学翻译和研究在深度和广度上都达到了新的发展水平。同时，一批法国作家认识、了解并拥抱中国文化，从而创作出融合东西方智慧精华的文学作品。当时，法国汉学界曾出现了一大批大师，一时之间，杰作纷呈，法国汉学发展鼎盛。

继19世纪法兰西学院和巴黎东方语言学院开设汉学课程后，法国建立了较为完善的汉学研究和教育机构，为汉学人才的系统学习和培训奠定了基础，促进了法国汉学学科人才的培养。正是因为相关人才的着力培养，法国才涌现出一批经验丰富、才华横溢的汉学大师，这是法国汉学成熟的标志。

从20世纪40年代中期到70年代后期，法国汉学的发展处于承上启下的连接阶段。第二次世界大战的爆发，给鼎盛时期的法国汉学带来了巨大打击，1945年，三位具有全球影响力的汉学家——葛兰言、马伯乐、伯希先后去世，汉学研究产生了巨大的空白。战后西方国家对新中国采取孤立政策，人为中断了中西方人员和文化的交流，阻碍了资料的获取和中国典籍文化的深入传播。这一切都导致了法国汉学研究的衰落。在这样的困境下，著名学者戴密微克服重重困难，引领了法国汉学的重建。在他的努力下，法国汉学在曲折中前进，向专业化发展。1964年中法建交，两国文化交流日益频繁。

20世纪70年代后期，中国采取对外开放政策，法国汉学获得了更多与中国交流的机会。尤其是80年代末期，随着中国对外开放政策的深入和中国经济的发展，中法文化的交流和丰富的学术资源为法国汉学开辟了新天地。时至今日，神秘而灿烂的中国文化依然影响着当代法国作家，引导其创造出具有中国韵味的文学作品。

二、中国古典诗歌研究进一步深入

20世纪，法文翻译以及引进中国古典诗歌的范围和深度，相较于之前可谓大大增加，除了延续与开拓原有的《诗经》、唐诗和明清诗的研究外，还进一步开辟了乐府诗歌、魏晋南北朝诗歌等原来未曾涉足的领域。此外，这一时期的研究开拓性地采用了新的视角和方法，在众多译者的共同努力下，很快取得了许多令人瞩目的成果。

在《诗经》研究领域，1911年，葛兰言出版了《古代中国的节庆与歌谣》一书，将社会学引入汉学研究领域，并对研究方法进行了重要变革。其中选译《国风》诗68首，译文准确优美，也被《中国古诗选》译录。在该书的第一部分，作者批判了宋朝儒家对《诗经》具有政治教化意义的道德解释，认为需要对《诗经》进行"深刻的解释，从中汲取正统的道德教义"。第二部分以《国风》内容为基础，研究中国古代节日、宗教、道德规范和风俗习惯。

20世纪上半叶，法国汉学家对中国诗歌的翻译仍然非常有限，多为旅法学者翻译。20年代，留学欧洲的中国诗人梁宗岱将陶渊明的十九首诗歌和散文如《桃花源记》《五柳先生传》等译成法文。1930年，梁宗岱发表了法译版的《陶潜诗选》。1942年，罗大冈译著了《唐诗百首》；1948年，译著了《首先是人，然后才是诗人》。

1962年对于法国的唐诗研究来说是非常重要的一年。这一年，戴密微牵头主持出版了《中国古诗选》，选译了从《诗经》到清诗的374首诗词，共204部中国古代诗人作品。这部非凡的杰作，堪称中国古诗法译的巅峰之作，调动了巴黎所有汉学家的力量，包括旅法华人学者的力量，这也是对当时法国汉学界力量的彰显，标志着中国古典诗歌研究在法国越来越流行，法国汉学复兴具有重要的学术价值。该书的正面有戴密微写的长篇序言，介绍了中国古代诗歌的声律、风格意象和分期，特别是着重分析了中国诗歌的各种表现形式和审美方法。戴密微强调中国诗歌的艺术表现手法严谨而复杂，主题与自然息息相关，呈现出"沉稳、质朴"的特点。《中国古诗选》的出现推动了法国唐诗翻译的新发展。

1969年，程纪贤出版了《唐代诗人张若虚的诗歌结构分析》。该书是法国的第一部唐代诗人专著，借用西方符号学，提出中国诗歌结构论，用"虚实"看词汇层面、"阴阳"看语法层面、"天地人"看象征层面，将中国诗歌纳入符号学研究范畴。

1977年，程纪贤的《中国诗语言》问世，该书对唐诗艺术进行了详细的分析，同时翻译、介绍了李白、杜甫、李贺等37位诗人的122首唐诗。同年，雅热的《唐代诗人及其环境》重点介绍了李白、杜甫、白居易、王维、韩愈等唐代大诗人。同年，梁琨贞译的《李清照诗词全集》也出版了。

1982年，戴密微的《王梵志诗全译本》出版，由巴黎国家图书馆敦煌经卷译者精心编译，早于《王梵志诗集》。1983年出版的保罗·雅各的《唐诗》译本，翻译了李白、杜甫等38位诗人的152首诗歌。1993年，丹尼尔·吉罗出版了《龙眼：中国古代诗歌选集》。1995年，吴德明出版了《古代中国的爱情和政治：李商隐诗一百首》。2000年，胡若诗出版了《中国诗歌的顶峰：李白和杜甫》。

20世纪后期，中国著名唐代诗人寒山的诗在法国受到特别关注。寒山的诗之所以颇受重视，主要是受到"中国文化热"、敦煌学研究盛行一时、自由诗运动兴起、世界性的禅学研究热等诸多因素的影响。唐代诗人寒山的诗歌就在这一背景下流行起来，被广泛接受和传播。

1975年，雅克·班巴诺翻译出版了《达摩流浪者：寒山诗25首》。1985年，法国连续出版了两部寒山诗译本，其中一部是《寒山：绝妙寒山道》，另一部是《深云不知何方：流浪汉诗人寒山作品集》。2000年出版的《碧岩录：语录与禅诗》中还收录了柴田真澄夫妇翻译的寒山诗二十七首。由此可以看出法国译介唐诗的盛况。

这一时期，诗歌新领域的拓展也促成了大量的创作研究。侯思孟的《嵇康的生平和思想》，着眼于探索嵇康的时代境遇，是对竹林七贤的深入探索与研究，也是第一本于法国深入研究中国古代诗人的专著。桀溺擅长学习中国古代诗歌，是一名法国汉学家，在研究魏晋南北朝诗歌方面取得了巨大的成就。1977年，桀溺论著的《牧女与蚕娘》堪称中西方文学比较研究的典范。除此之外，桀溺也偏爱三国时期的诗歌。1964年出版的吴德明的著作《宫廷诗人司马相如》共九章。前两章论述司马相如的传记、时代和地理背景；中间三章论述司马相如的文学地位、思想品格及特点；后三章为赋中人名、地名、联绵词的翻译，以及诗歌韵律的研究；最后一章讨论了它对后世的影响。全书是一部关于司马相如的著作，内容深刻，深受西方学者推崇，是研究中国汉赋的开创性著作。

三、中国古典戏剧、小说及其他文学的大量翻译研究

20世纪，中国古典戏剧和文学小说在法国读者心中颇受追捧，持续受到关

注和喜爱。20世纪初，大量中国戏剧被翻译和引进法国剧院；70年代和80年代，中国古典小说在法国的发展可谓进入"黄金时代"。

这一时期，中国戏剧进入法国之后，受到前所未有的关注，大量作品被翻译成法文出版。1905年出版的吉姆的《中国话剧》中收录了《抱妆盒》的摘译本、《㑳梅香》的选译本、《鸳鸯被》的译本。1933年，巴黎德拉格拉夫书局出版了徐仲年译的《中国诗文选》，包括第四章《汉宫秋》、第二十二出的《桃花扇》、第四出的《牡丹亭》、第二十九出的《长生殿》等译文。1934年，陈宝吉译的《西厢记》出版。

始于20世纪初的中国戏剧热潮，不仅表现在对中国古典戏剧的翻译和介绍上，还表现在一批深入研究中国戏剧的专著上。当前，法国学者对中国戏剧的研究，已经突破了20世纪法国汉学家封闭的学术研究方法，转向对中国戏剧的特点进行多方面的实践性探讨。

中外戏剧交流的日益频繁，让法国汉学家对以唱、念、做、打综合表演为核心的中国戏曲形式有了更真实、更深入的认识。他们从文化的角度探讨了中国戏剧的起源和特点，而且研究颇为深入。同时，他们并没有停留在对中国戏剧的介绍和描述上，而是将中国戏剧的这些特点提升到美学的高度，寻找哲学和文化的渊源。受老子思想启发，法国戏剧理论家阿尔托甚至提出了"从无到形，又从形返回无"的与传统西方戏剧观相悖的观点。

20世纪下半叶，在比较文学大师艾田蒲的带领下，巴黎著名出版商伽利玛出版社出版了"东方知识丛书"，法国汉学界和出版界开始深入了解东方的小说，迅速掀起了一股中国小说翻译和引进的热潮。

除了戏剧和小说，其他中国古典文学也进入了法国学者的研究领域。敦煌俗文学由戴密微创办，在法兰西学院开设敦煌地区诗歌相关课程。1950年以来，戴密微揭露了敦煌手稿对中国文学的重要性，相关翻译研究包括《敦煌曲》、书评专集《敦煌学近作》等。1982年，戴密微的《王梵志诗集》和《太公家教》的译本出版，这些作品直接引发了法国和远东学者对敦煌民间文学的关注和研究。

1974年，《世说新语》第一部法文译本出版。在中国，笔记体文学体裁长期被忽视。现在，人们终于发现了笔记体文学是一笔取之不尽的财富，或许是中国文学创作中最有特色的东西。

四、中国古典文学对 20 世纪法国作家的影响

20 世纪中国古典文学最显著的成就，是使一批法国著名作家吸收来自东方典籍的养分。其中一部分法国作家在长篇作品中表达对古代的怀念，或者在个别短句中表达诗意的韵律。与过去相比，这一时期的法国文学不再停留在从传闻中模仿或描绘中国。许多作家选择远渡重洋，来到中国，他们直观地感受到了这个东方国度真实的风土人情和丰富的历史人文资源，并用心感受到了某些更深层次的思想内涵，产生了共鸣。正因如此，这一时期的法国作家留下了许多与中国相关的篇章，甚至可以说，这一时期的相关法国文学体裁之多、内容之丰富、文学成就之高可谓空前绝后。

1900 年至 1901 年出版的皮埃尔·绿蒂的《在北京最后的日子》，是他两次远征北京留下的作品。皮埃尔·绿蒂见证了 20 世纪初中国封建王朝彻底没落的过程。奢华的宫殿在顷刻之间化为一片废墟。皮埃尔·绿蒂眼睁睁地见证封建制度在这片曾经给法国带来无限想象的古老土地的消亡，这个古国的未来在他眼中一片黯淡。

皮埃尔·绿蒂对中国的了解并不透彻，正如在书中经常表达的一般，他常常感到自己是在一个与世隔绝的国家，即便对于自己所感兴趣的艺术，也总是有一种无奈的钦佩和敬畏。很明显，皮埃尔·绿蒂对于自己对中国的感情是既陌生又熟悉的。然而，皮埃尔·绿蒂作为较早踏足中国土地的法国作家之一，留下了宝贵的个人记录。

1904 年，朱迪特·戈蒂埃和皮埃尔·绿蒂合写了话剧《天之娇女》，这部剧可以说反映了 20 世纪初中法关系转折时期两个国家存在的巨大鸿沟。朱迪特·戈蒂埃和皮埃尔·绿蒂就是两种差距巨大的中国观的代言人。朱迪特·戈蒂埃描绘了中国过去的辉煌，歌唱属于 18 世纪的爱与梦想的中国，而皮埃尔·绿蒂则在书写了传奇陨落时理想的破灭产生的巨大失落感。这种幻想与失落、向往与疏离交织的心态，也是当时法国作家的作品涉及中国时的主要主题。

保罗·克洛岱尔作为外交官，1895 年至 1909 年曾经在中国工作和生活。出于工作需要，福州、汉口、北京、天津都曾经留下他的足迹，这十四年的中国之旅，不仅为他的写作增添了异域风情和奇闻逸事，更让他深刻领略了中国独特的文化和思想，在他的创作中留下了不可磨灭的印记。保罗·克洛岱尔对

中国文化颇感兴趣，同时他看待中国的眼光与皮埃尔·绿蒂截然不同。他认为他所面对的中国既不是妖娆的仙境，也不是恶魔所处的地域，而是一个真实的东方世界，这个世界充满了复杂而真实的人性。虽然不完美，但保罗·克洛岱尔依然热爱中国。保罗·克洛岱尔的《第七日的休息》《正午的分界》《缎子鞋》三部作品反映了其对中国传统文化逐渐加深的理解。

1909年，诗人、汉学家谢阁兰来到中国，在这片神秘的东方文化发源地踏上了文化之旅。与前辈不同的是，谢阁兰打破传统刻板印象，刻意塑造异域风情，以平等的视角看待异质文化，并从根源上接近和学习中国传统文化。谢阁兰的立场是，不去关注那些鲜为人知的、存在分歧的概念、事物或形式……以免对中国产生任何误解。1912年出版的谢阁兰编著的《碑》，是一部中国风诗集，以其精美、新颖、独特的形式和恢宏雄奇的笔调而闻名于世。谢阁兰在借鉴中国传统文化的同时，加入了西方思辨和形而上学的概念和形式，正是基于这种中西方文化的融合，他创作了自己独特而深刻的作品。

20世纪，法国诗歌界也受益于中国文化散发的光辉，很快产生了许多杰作。其中，亨利·米肖是受到中国文化影响的诗人中最有影响力的。他钦佩老子、庄子及其简洁明了的诗歌风格。他受到汉字的启发，创造了一种西方符号语言。他的诗很雅致，很有禅意，尤其是他后期的作品，可谓"颂扬东方的虚境，充满东方的睿智"。

诗人、文学评论家弗兰索娃丝·杭，对汉字所带来的不同感知方式特别感兴趣，并在欣赏中国画时从"虚"出发，逐步延伸，达到人与自然的共鸣。他曾写过一首诗《靶》，在诗意的启发中包含了"天分学力"。他的灵感来自袁枚《随园诗话》中关于"诗如射"的一段话。中国文化对他的诗歌产生了影响，使其逐渐进入对虚空等境界的探索。

散文家、诗人吉尔·儒安纳将自己诗风的转变和形成归因于中国古典诗歌的影响。吉尔·儒安纳尤其偏爱王维，他更看重汉语在诗歌中将过去、现在和未来提升到超时空的境界。他始终遵循中国古诗词的黄金法则，也就是采用朴素而内敛的表达方式，展示生命和宇宙的相互关联。

谈及法国现当代作家创作中的中国元素，既有作品中涉及中国语境清晰可观，也有巧妙融入自身写作风格的。无论如何，从前面的例子可以看出，多年的翻译和研究使中国古典文学在法国产生了相当大的影响。不仅中国古典典籍，还有其他各种作品、散文、传奇故事都成为法国文学创作的源头，为法国作家提供灵感,甚至发展出各种文学题材和风格,也提高了法国读者对中国文学典籍的阅读兴趣。今天,随着中法文学交流的日益频繁,中国古典文学典籍定将继续绽放光芒。

时光荏苒,中国古典文学典籍在法国经历了三百年的风风雨雨。致力于学术研究的先人不断攻坚克难,许多人辛勤记录,追溯变化的世界,研究古今的沉浮,了解事物的本质存在,最终留下宝贵的学术资源和文化,为当今法国汉学的研究提供了宝贵的资料。

不可否认,在异质社会中,文学有助于理解共同的人性,激发人们真实的情感,在跨文化交际中具有广泛的意义。在中法文化交流中,中国文化典籍的博大精深给法国文学界带来了新的文学题材和范式,中国含蓄而灵动的哲学思想为西方哲学理论反思自身和树立新的思想观念提供了借鉴。

随着中国古典文学典籍作品的不断翻译和引进,它们不再是汉学领域或研究人员的专有研究对象,而是深入普通百姓的家中。东方韵律已经在欧洲土壤中生根发芽,促进了东西方艺术的融合。在两国文明交融的新时代,中国古典文学典籍无疑将承载过去,迎接未来,以更丰富、更深刻的姿态,在交流的和谐与张力中点亮文学灵魂。

第七章 旭日东升——中国典籍作品海外传播展望

第一节　中国典籍作品传播新探索——译介

译介学研究是以研究比较文学中以文学为主的研究，也是把翻译作为一种跨语言交流实践所进行的跨文化研究。由于源语和目的语处于不同的文化背景，是各自社会的文化载体，因此，研究中国典籍作品的译介，要先从文化角度入手，研究文化与翻译之间的关系，再对翻译研究进行审视，最终针对典籍作品中的文化进行有效翻译。

一、文化与翻译之间的关系

（一）翻译促进文化的交流与融合

自从人类群体诞生语言、文化以来，不同群体之间的信息传达与沟通、文化交流与融合全都依托翻译来进行。翻译如同一张看不见的网，将不同民族、不同地域的文化编织在一起，在不同民族文化的交流中扮演着极其重要的角色。不论哪个国家或民族，只要想与语言不通的其他国家或民族联系，就需要借助翻译的力量。否则就无法沟通思想、交流文化，从而阻碍自身的发展与进步。翻译在中国文化的发展进程中起到了推动和促进作用，这主要表现在翻译活动在中国的五个历史时期推动了文化的发展。

第一个时期是佛经翻译时期。佛经翻译推动了佛教在中国的传播与发展。来自印度的佛教文化的传播带来了中国文化历史上首次大规模地、系统地接受和融合外来文化的活动。佛教思想经过长年累月的发展，逐步进入中国文化的灵魂深处，反映在价值观、文学、社会风俗等文化的各个方面。同时，中国的文化开始打开大门，走出去，影响周边国家。

第二个时期是明末清初翻译时期。这一时期翻译家们最突出的贡献是将西方先进的科学技术引介到了中国，其次就是翻译了大量的外国文学作品，丰富了我国的文学种类，促进了我国文化的繁荣发展。元代杂剧《赵氏孤儿》、明清优秀文化典籍小说，伴随着越来越多的外交官与传教士来到中国，逐渐被翻译成其他语言的译本，并且传入其他国家。

第三个时期是以严复、林纾为代表的社会科学和文学的翻译时期。严复专门翻译了西方的社会科学和学术思想作品。林纾和严复的翻译思想是将翻译视为救国实业，希望人们通过学习西学思想，寻求救国的道路。他们二人的译作推动了中国文化的觉醒，促成了近代中国文化的革命。林纾和严复也将中国的文化典籍翻译成其他语言，带来了有效的传播效果，让越来越多的外国人对中国有了一个相对客观的认知。

第四个时期是1915年开始的新文化运动时期。在这一时期，为了引进西方的文学思想，发展新文学，翻译家们将来自英国、法国等欧洲国家的文学著作通过翻译引进中国，为新的文化表现形式的诞生奠定了基础、提供了借鉴——鲁迅的《狂人日记》就是一个很好的例子。中国的典籍经过越来越多汉学家的翻译，成为吸引其他国家了解中国的重要窗口。

第五个时期是1949年新中国成立之后。这一时期的翻译活动受国际形势和我国外交政策、国内文化发展政策等多方面的影响，主要集中在介绍和评价苏联和亚非拉国家的文化、文学上。由于翻译引进了大量的苏联文学作品，苏联的文化思想和文学创作手法对新中国建设初期的文化发展影响最为深刻。可以说，在1980年以前，中国的文化发展乃至人们意识形态的培养和塑造都或多或少地有苏联文化的影子在里面，中国的翻译研究、文学研究、译介研究实现了前所未有的突破。

除此之外，翻译促进了中国文化与外来文化的交流与融合，这一点在文学作品的译介上体现得尤为突出。谢天振指出，翻译文学对中国现代文学中主要文学样式的诞生与发展起到了巨大的，甚至是决定性的作用。没有翻译，我们国家优秀的文学作品，就难以传播到国外，就会影响到我们国家的文化影响力。

（二）文化影响翻译的重要因素

翻译这种语言符号转换活动不仅仅针对语言的变换，还注重形式的变化和文化的影响。文化的两面性和两个因素影响着翻译的内容和形式。文化的两面性是指：一方面，文化具有共同性，因为任何文化包含的内容都有相通之处，这些相通之处就是翻译进行的基础；另一方面，文化具有多样性，文化的多样性为翻译活动增加了难度。而影响翻译的两个重要文化因素是指知识文化因素、观念文化因素。

1. 知识文化

知识文化包括生活习惯文化、生活环境文化、物质生产文化、科技文教文化方面的知识。这些知识内容在原文化中是人们非常熟悉甚至人尽皆知的，但被翻译成目的语时，可能需要进一步的文化解析。接下来，我们以生活习惯文化知识、生活环境文化知识和物质生产文化知识为例进行分析。

（1）生活习惯文化知识

在中国的传统文化中，人们对饮食非常重视，因为在古代，吃饭问题是人们生活中的头等大事，所以人们在日常见面打招呼时喜欢问对方"吃了吗？"以达到问候和寒暄的目的。发展到现代，人们问这个问题的初衷也发生了变化，问"吃了吗？"并不是真的想知道对方有没有吃饭，而只是想跟对方简单地打个招呼。如果要翻译成英语，大可不必翻译为"Have you eaten your meal？"之类的话，而是简单的一个"Hi/How are you？"即可。

中国文化中还有很多由"吃"引申出来的内涵词语，这些词语在英语中不能直接按照字面意思翻译，而是要根据其内涵意义分别进行"意译"，如：

饭桶——good for nothing
吃香——be very popular
吃不开——be unpopular

（2）生活环境文化知识

不同的民族生活在世界上不同的国家和地区，由于生活环境的差异，形成了不同的文化，积累了不同的知识。例如，耕牛在中国古代的农村生活中占有重要地位，因为耕牛是农民耕地的好帮手。因此，汉语中有许多与"牛"相关的词语，赋予了牛特殊的文化内涵。比如，牛喝水很多，并且喝水时大口大口地喝，所以形容人大口喝水时用"牛饮"；而在英国，由于人们傍水而居，所以生活环境中鱼类很多，用"drink like a fish"来形容人大口喝水。

居住环境是生活环境的重要组成部分，房屋建筑是居住环境中必不可少的元素。在中国的传统文化中，房屋建筑文化独树一帜，内涵丰富，由此产生了不少有特色的语言表达，如：

美轮美奂——(of a new building) tall and splendid；magnificent

大门不出，二门不迈——never leaves the house to make contact with outsiders
雕梁画栋——carved beams and painted rafters—a richly ornamented building

（3）物质生产文化知识

物质生产活动是人类开展其他活动的保障和前提，大量的物质生产活动丰富了人们的精神和物质生活，产生了不同的文化。中国是一个农业大国，因此有很多与农业生产有关的习语，这些习语囊括了气候、农作物、耕作方法等与农业生产息息相关的话题，如：

精耕细作——intense and meticulous farming
麦秀两歧—— good year brings a good harvest
日出而作，日落而息——work from dawn to dusk
拽耙扶犁——engaged in agricultural activities, farm as a profession

2. 观念文化

观念文化的内容包括宇宙观、宗教信仰、艺术创造、认知方式、思维方式和价值观等。其中，价值观念是整个文化体系的核心，由于民族和文化的差异，中西方价值观也存在较大的差异。这些差异所造成的误解是需要解决的。例如，汉语和英语文化中对相同概念的表达各不相同，在两种语言互译的过程中，译者需要注意表达方式的转换，如：

百闻不如一见——Seeing is believing.
有志者，事竟成——Where there is a will, there is a way.
过犹不及——going too far is as bad as not going enough
功夫不负有心人——Everything comes to him who waits.

二、翻译的价值与过程研究

（一）翻译的价值

研究翻译不能回避翻译的意义或价值问题。而要了解翻译的价值问题，就需要考虑以下三个方面的影响因素：

首先，翻译观是讨论翻译价值的基础。不同的翻译观会使翻译价值有不同的定位。

其次，翻译价值的探讨必须依据历史事实，在分析某一时期的翻译现象和翻译作品时，要综合考虑当时的翻译环境、翻译条件和翻译标准做出科学判断。

最后，要用发展和辩证的眼光讨论翻译的价值，不能局限于某一时期的某件事。

1. 翻译的社会价值

翻译的社会性赋予了翻译以社会价值，从而推动社会的交流与发展。翻译对社会发展的推动力具体表现在以下两个方面：

（1）翻译是沟通人类心灵的活动

学者廖七一曾在著作《当代英国翻译理论》中表示，无论是远古时期原始部落之间的交往还是现代的跨文化交际活动，都离不开翻译。翻译活动具有悠久的历史、丰富的形式，涉及广阔的领域，这些都为跨文化交际活动的开展提供了客观条件。从本质上讲，翻译具有沟通人类心灵的能力。翻译在给人类带来物质财富的同时，还创造了无限的精神财富。翻译是促进人类社会文明发展的重要途径。

（2）翻译的交际性推动社会的发展

学者邹振环曾在《影响中国近代社会的一百种译作》中具体论述了翻译对近代中国社会的巨大影响和推动作用。他强调，翻译的交际性对社会有一种推动力。沟通与交流是理解的基础，理解是使世界各民族从狭隘、猜疑、不信任走向包容的原动力。

2. 翻译的文化价值

翻译的文化价值在于促进不同文化之间的沟通、交流与延续，而文化的丰富多彩又能促进整个世界的文明进步，所以翻译活动也有利于世界文明的发展。中国学者季羡林曾表示，翻译应是一种普遍存在的活动，只要语言文字的表达存在差异，那么无论是在一个国家内，还是在诸多国家之间，都需要翻译的帮助。翻译就是为了帮助不同语言、文化之间的人们进行顺畅交流，所以翻译可以理解为一种服务人类的跨文化交际活动。

季羡林将文化的发展划分为五个阶段，即诞生、成长、繁荣、衰竭和消逝。也就是说，没有什么文化是能一直存在的。根据这一原理，中国传统文化也应如此。但事实是，中国传统文化历经几千年的发展和变化，不仅没有消逝，还发展得越来越好。这是为什么呢？其原因之一就是翻译。中国传统文化就像一条长河，这条长河有水多的时候，也有水少的时候，然而就是因为这条长河总是在接受新水的注入，所以从未枯竭，并能保持活力。新水就是指通过翻译引进的文化。

任何一个民族文化的发展都是不断积累、不断创造的过程，而翻译在这个过程中所起到的作用就是丰富文化的内容，使民族文化得以传承和延续。一个国家或者民族想要寻求发展，必须打破故步自封的现状，开放自我，让外部文化了解自己，积极与其他文化展开交流和学习，以彼之长，补己之短，在不断的碰撞与融合中达成理解，促成合作。

3. 翻译的语言价值

从翻译的形式上分析，翻译这一事件就是一种语言符号转换活动，语言符号的转换性是翻译的一种显著特征。翻译的语言价值主要体现在语言符号的转换过程中，为了准确表达源语中存在而目的语中没有的事物，译者需要创造新的名词甚至语法，并将其添加到目的语语言系统中。例如，梁启超曾在《翻译文学与佛典》一文中论述了佛经翻译文学对汉语发展产生的影响。梁启超强调，用汉语中陈旧的表达翻译新的思想和观念，一定会导致思想观念的变质，所以要适当创造新的语言表达方式来翻译新观念、新事物。

4. 翻译的创造价值

从社会层面分析，任何社会活动都建立在交际的基础上，跨文化的交际通常是一个认知新思想、新事物的过程。在这个过程中，人们往往需要改变自己对事物的固定看法，这种思想上的解放是很重要的，是开始创造的基础。从文化层面分析，译者在翻译活动中引进"异质"因素的行为，就是一种创新的行为。

从语言层面分析，译者只有在不改变原文意义的基础上开拓思维，进行大胆创造，才能为目的语引进新的事物，注入新的血液。翻译给予原文新的面貌、新的活力，使其以新的形式面对目的语文化下的读者，这是一个继承与创新的过程。

5. 翻译的历史价值

翻译的历史价值主要体现在以下两个方面：

第一，在人类文明发展的进程中，翻译在推动历史变革和发展活动中发挥着重要作用。例如，翻译活动推动了欧洲古希腊、古罗马文化复兴运动与十五至十六世纪文艺复兴运动的开展。

第二，由于某些复杂的或者个性突出的艺术作品的翻译不是一个译者能一次性彻底完成的，而是需要多个时代译者的共同努力才能完成，所以翻译是有一定的历史局限性的。翻译活动所能达到的不同文化之间思想交流的程度是变化的，因为翻译的成果受到人类认知能力和理解能力的制约，这种制约会随着人类能力的提升而减少。

（二）翻译的过程

翻译的过程就是译者在正确理解源语的基础上创造性地用目的语表达、转述原文的过程，这一过程可分为三个阶段，如图7-1所示。

图 7-1 翻译的过程

1. 理解阶段

译者想要正确地理解原文，必须在理解原文词句、表达的基础上结合上下文语境具体分析原文想要表达的真正意义，并据此选择合适的译法。译者想要透彻地理解原文，必须理解原文中的以下几点因素：

（1）原文中的语言现象

译者必须根据具体语境理解原文中词汇和句子的正确意义。

（2）原文所涉及的事物

如果译者能正确理解原文的语言现象和逻辑关系，但不了解文中涉及的相关事物或历史背景，也不能准确地进行翻译。

（3）原文中的逻辑关系

原文中的某些句子可能存在歧义，此时译者就要通过语境理解句子的上下文关系，进而选择最合适的译法。

2.表达阶段

表达阶段是翻译的第二个阶段。在这一阶段，译者需要将自己对原文意义的理解通过正确的方式用目的语表达出来。理解是表达的前提，但理解正确并不意味着表达准确，选择合适的表达方法很重要。下面介绍三种最常见的表达方法。

（1）直译法

直译是一种较为通用的表达策略，指的是将源语的语义和语法结构转换为最接近的目的语的过程。直译把译入语的形式和意义视为重要的翻译影响因素，是翻译表达中相对简单且最常用的策略。例如：

原文：

杀鸡取卵、竭泽而渔式的发展是不会长久的。

译文：Killing the hen to get eggs or draining the pond to catch fish is no formula for sustainable development.

在上述示例中，译者将中国特色的成语"杀鸡取卵""竭泽而渔"翻译为"killing the hen to get eggs""draining the pond to catch fish"，不仅再现了原文的内容，还保留了中国特色成语的表达风格，体现了中国人民的智慧和汉语表达的特点。由此可见，在汉英翻译中采用直译法可以向国外输出一些英语中没有的新鲜词汇和表达方式，在进行文化输出的同时丰富了英语语言的表达。

（2）意译法

不同的语言在句法结构和表达方式上有时会存在较大的差异，此时采用直译法已经满足不了正确表达、流畅表达的需求，而采用意译法可以将原文的内涵和神韵表达出来。例如：

原文：

时间有限，我们单刀直入，直奔主题。

译文：

Since we have limited time, I invite you to be direct with your questions.

"单刀直入"是中国传统武术中的一个动作描述，比喻谈话时不拐弯抹角，直截了当，具有浓厚的民族文化特色。在这句话中，"单刀直入"表示希望记者们直接问问题，免去不必要的寒暄，节省时间。如果采用直译法可能不容易被读者理解。采用意译的翻译表达策略，译为 "be direct with your questions"，虽然译出语失去了文化色彩，但该成语的比喻意义得以体现。

（3）直译 + 意译法

直译法和意译法都是非常必要的翻译表达方法，这两种方法的使用并不矛盾。在优秀的翻译作品中，我们经常可以看到这两种方法的灵活运用和结合使用。例如：

原文：

我们不会<u>越俎代庖</u>。

译文：

We won't meddle in others' affairs.

以上示例中除"越俎代庖"这个成语的翻译使用的是意译法之外，句子其他部分的翻译采用的都是直译法。"越俎代庖"是一个汉语成语，意指担任主祭工作的人代替厨师下厨，后用来比喻超越自己本身的职责，代人做事。对于不熟悉这个成语典故的目的语读者来说，直接翻译词语的字面意思很难理解原文想表达什么。译者运用意译的方法将其翻译为 meddle in others' affairs，保证了该成语意义的准确传递。

3. 校核阶段

译者在翻译大量复杂、有难度的译文时，难免会出现漏译或误译的情况，此时就需要译者对翻译好的内容进行校核。在校核阶段，译者不能掉以轻心，要进一步核实原文需要翻译的内容的含义，斟酌目的语语言的选择和使用。在翻译校核过程中，译者需要注意以下四个方面的内容：

（1）检查目的语译文中是否存在人名、地名、数字、日期等方面的漏译或误译现象。

（2）检查目的语译文中词汇、短语、句型等方面的表达是否存在错误。

（3）检查目的语译文中是否存在冷僻的、让人难以理解的语言表达。

（4）通常情况下至少校核两遍。第一遍着重校核内容的正误，第二遍着重润色语言的表达。如果还有时间，建议译者将目的语译文对照原文再诵读一遍，以确保万无一失，尽量解决所有问题后再定稿。

三、典籍作品中的文化翻译

文学经典典籍作品作为民族语言的精华和民族文化的体现，其在翻译实践中的跨文化转换策略是文化翻译研究的重要内容。而文学典籍作品中的文化特色词又是很具有代表性的文化翻译的内容，因此，笔者就文学典籍作品中文化特色词的翻译策略展开研究与论述。

（一）文化特色词的定义

语言是文化的一部分，并对文化起着重要作用。语言与文化互相影响，互相作用，密不可分。学习一个国家的语言，必须了解这个国家的文化。

由于地域、环境和历史发展进程的差异，每个国家和民族都有自己独特的文化。语言是文化的载体，文化的发展变化也会体现在语言上。因此，随着时代的变更与发展，语言中逐渐积累了一部分反映本民族文化现象和生活方式的词语。由于这些词语反映的文化是本民族特有的，其他民族没有这种文化，因此这些词语也是该民族特有的，其他民族没有表示对等含义的词汇。对于这些词语的命名，如同对文化的定义一般，学术界没有一个统一的观点。最常见的说法有以下几种："文化特色词""文化负载词""文化局限词""国俗词语"。

其中，"文化特色词"这一术语来源于翻译学家斯内尔 – 霍恩比（Snell-Hornby）对词汇的分类。从语言的交际作用出发，霍恩比将词汇分为以下五类：

①专业术语。
②国际通用词汇。
③具体事物、基本活动、静态形容词。
④与社会文化规范有关的观感词及评价词。
⑤文化特色词。

对于文化特色词的界定，主要有三种观点：第一种观点强调文化特色词的民族性，认为文化特色词是某一民族所特有的词语；第二种观点强调文化特色词反映独特社会文化的特点；第三种观点则认为文化特色词兼具上述两种观点强调的特点。

综上所述，学术界关于文化特色词的概念界定虽众说纷纭，但对于文化特色词的归纳分类基本都包括以下几个方面：

①表示本民族所特有的事物或现象、在另一种语言中没有相同概念或者意

义的词语，如"长城"和"对联"。

②独特历史时期或历史条件下产生的词语，这些词语有着丰富的民族文化语义，反映了该时期的历史文化特点，如"状元"和"丝绸之路"。

③在漫长的历史发展过程中，有些词语由于自身某些特点被赋予了文化意义和联想意义，如"大锅饭""夜猫子""梅兰竹菊"等。

④熟语、俚语、典故词等，如"拔苗助长""马踏飞燕""破釜沉舟"等。

⑤具有鲜明文化色彩的日常生活用语或寒暄用语，如"过奖""彼此彼此""意思一下"等。

如上文分类举例所示，我们可以看到这些文化特色词之间的区别就是不同的词语分类所涵盖的领域范围不同，表达词语含义的方式也不尽相同。

（二）文学作品中的文化特色词

文学作品中的文化特色词种类繁多，且其内涵与功能各不相同。此处我们只分析文学作品中的名词类文化特色词。以中国四大名著之一的《红楼梦》为例，其第一章中的文化特色词可分为两类：一类是专有名词类文化特色词，一类是普通名词类文化特色词。这两类文化特色词又可细分如下：

1. 专有名词类文化特色词

专有名词类文化特色词又分为常规专有名词和负载性专有名词两大类，如表7-1所示。

表7-1 专有名词类文化特色词

常规专有名词	如姑苏、北邙山、孔梅溪	
负载性专有名词	作者出于某种写作目的而赋予特殊含义的专有名词	如大荒山、无稽崖、青埂峰、空空道人
	包含历史信息或典故的专有名词	如东鲁、班姑、蔡女、潘安
	汉语文化中特有的节日名以及制度名	如元宵佳节

2. 普通名词类文化特色词

普通名词类文化特色词可分为以下四类，如表7-2所示。

表 7-2　普通名词类文化特色词

表示汉语文化独有事物的非宗教词汇	如对联、花灯、鸳鸯、褡裢
表示汉语文化独有的计时度量词汇	如丈、黄道之期、三更、五鼓
汉英两种语言中具有不同文化内涵的非宗教词汇	如花柳、施礼、佳人才子、红灯帐

（三）文学作品中的文化翻译策略

1. 专有名词类文化特色词的翻译策略

以《红楼梦》为例，专有名词类文化特色词主要采取了以下几种翻译策略：

（1）音译法

此处的音译法不只是单纯的拼音翻译，而是结合增译法添加了一些解释性的说明。这种方法主要用于传统文化中人名和地名的翻译，包括音调地名和典故地名。

①直接音译法

孔梅溪 Kong Mei-xi；Kung Mei-his

英莲 Ying-lian；Ying-lien

②音译＋增译法

甄士隐 Zhen Shi-yin；Chen Shihyin（Homophone for "true facts concealed"）

（2）逐字翻译法

①直接逐字翻译

顾名思义，这种翻译方法是指一个字一个字地翻译字面意思，翻译的对象一般是作者赋予特殊含义的专有名词，《红楼梦》中很多地名的翻译就是使用的这种方法。例如：

三生石 the Rock of Rebirth；Stone of Three Incarnations

绛珠草 Crimson Pearl Flower；Vermilion Pearl Plant

②直接逐字翻译＋增译法

这种翻译方法主要用于翻译含有谐音的地名，实际上属于一种逐字翻译与文外注释结合的方法。这种翻译方法既有优点也有不足之处。优点是既能保留原文的字面含义，又能展现原文特殊的艺术表现手法；不足之处则在于翻译成英文过于冗长，不能体现原文的含蓄风格。例如：

青埂峰 Blue Ridge Peak（homophone for roots of love）

（3）删除法

这种翻译方法通常用于含有典故的人名翻译，其主要目的在于减轻目的语读者的阅读负担，便于读者理解原文。例如：

原文：

再者，亦令世人换新眼目，不比那些胡牵乱扯，忽离忽遇，满纸才人淑女、子建文君、红娘小玉等通共熟套之旧稿。

译文：

And in doing so find not only mental refreshment but even perhaps, if they heed its lesson and abandon their vain and frivolous pursuits, some small arrest in the deterioration of their vital forces.

（4）绝对普遍化

这种翻译方法是指将源语文本特征的绝对普遍性转化为一种没有源语言文化特征的一般性表达。具体分析，该策略可分为解释性描述、相似词语替换以及泛化（广义语义拓展）。例如：

元宵佳节 the Fifteenth Night（泛化）

（5）相对普遍化

这种翻译方法是指在翻译文化特色词时选择目的语读者更加熟悉的一种源语文化表达。例如：

东鲁 the homeland of Confucious

（6）具体化

这种翻译方法是指通过缩小文化特色词的内涵，部分传递源语文化特色的方法，即翻译文化特色词中包含的部分意义。例如：

元宵佳节 Festival of Lanterns

在中国传统文化中，元宵节是一个重要的传统节日。一般在这一天，人们除了赏花灯以外，还会品尝元宵、猜灯谜、欣赏烟花表演以及参加其他庆祝活动。"花灯"只是该节日包含的一个文化元素，因而"Festival of Lanterns"这一翻译只是表现出一部分源语文化特色。

2. 普通名词类文化特色词的翻译策略

文学经典作品中普通名词类文化特色词的翻译策略与专有名词类文化特色词的跨文化翻译策略有相似之处，也有不同之处。由于篇幅有限，此处我们重点介绍普通名词类文化特色词的两种翻译策略，即具体化翻译策略和同化翻译策略。

（1）具体化翻译策略

具体化翻译策略是指缩小源语文本词汇文化内涵，部分传达源语文化特色的文化转化方法。它表现为选择源语文化特色词所含有的众多语义中的部分语义进行翻译。

（2）同化

同化翻译策略主要是指译者在翻译文化特色词的过程中用目的语所具有的文化特色表达来阐述源语文化特色词含义的翻译策略。这种翻译策略的优势在于可以减轻目的语读者对源语文化的认知和学习负担，有利于他们快速阅读文学作品；缺点是容易消除源语的文化特色。例如，《红楼梦》中译者对汉语宗教词汇和特色计量单位的英语翻译：

丈 feet

炸供 frying cakes for an offering

第二节　中国典籍作品译介途径

长期以来，由于我国的文化与西方文化存在较大的差异，我国对媒体和文化交流过程的研究不够，我国的出版物很难进入外国市场，很难发挥其传播功能。大量文学作品自产自销，一定程度上影响了中国典籍作品的海外发展。营销和策划在当今书籍出版过程中非常重要。中文翻译出版物未经外国相关组织推介，外国读者缺乏了解这些典籍作品的相关渠道，即便偶然读到了相关的读物，也无法理解这些作品，西方学者也无法理解中国学者的解读。因此，为了将文字转化为产品并进入国际市场，有必要扩大中国出版业与国外的交流。

一、加强中外出版机构多渠道合作

出版物是载体，其主要作用是传播文化。出版业正在"走出去"，文化正在"走出去"。中国出版业的"走出去"是指国内出版公司通过不同渠道直接或间接发行图书或出版图书。推进进入国际图书市场的过程，本质上是中国出版业的国际化运作和中国文化的海外传播的过程，目的是实现中外文化与出版业之间的和谐共生。

商业因素在我国的对外译介过程中具有重要意义。如何开拓发行渠道，也是促进中外文化交流过程中必须解决的问题。中国典籍作品的译本只是外国文学业的一小部分，大多数西方读者更喜欢阅读本国出版和销售的书籍，而不是外国出版商出版的书籍。

近年来，中国文化的"走出去"译介途径过于单一，中国人参与较多，缺乏中外的合作，在此种缺乏本土出版社的情况下，中国典籍很难进入外国的传播系统。例如，"熊猫丛书"英文译本不是由英国和美国的主要商业出版商出版，而是在中国出版，并由中国国际书店的经销商推广。这种发行方式导致其海外发行效果并不理想。

现在，虽然一些中文书籍已经进入了各大出版商的视野，如英国电报书局（Telegram Books）出版的毕飞宇的小说《青衣》和《玉米》。随后，霍顿·米夫林·哈考特出版社（Houghton Mifflin Harcourt）将这两本书引入美国。但是像这样受到国外出版商认可的中国典籍作品很少。中国典籍作品想要真正"走出去"，就必须加强中外出版社的合作，可以在以下几个方面努力：

（1）版权贸易

国内出版机构可以与境外出版机构签订版权出口协议，由境外代理人负责出版物翻译和营销的监管，版权代理人市场化、专业化运作。专业化版权运作应是未来国外翻译和中国文学出版的大趋势。

（2）图书贸易

借助国外主要营销渠道，可以扩大中文图书的传播范围。出版机构可与国外重点经销商、批发商和零售商建立业务联系，力争使中国出版的图书进入国外主流营销渠道，最终进入国外主流读者的视野。

此外，国内出版机构可以设立海外子公司，通过当地的海外营销网络，解决海外营销渠道不畅的问题。例如，北京语言大学出版社通过其北美子公司梧桐出版有限公司，将销售渠道引向国外市场：在美国华盛顿成立的全资子公司北京时代中文图书有限公司，正在开拓美国主要销售渠道。

（3）合作出版

国内出版机构可以开展合作项目，与国外出版社合作，出版国内优秀作品。合作出版涉及文本选择、译者选择、选题策划、海外市场营销等图书出版的重要环节，能确保选题适合国外市场需要，也能提高翻译质量，有助于达到被国外读者接受和认可的目的。

（4）数字出版物

移动阅读已成为阅读发展的新方向。与国外印刷图书相比，国内的纸质图书较多，数字出版物起步较晚，数字图书发展缓慢，技术与商业模式仍在发展阶段。尤其是数字化产业链条尚不清晰，很多产业链条没有实现很好的沟通与合作，各环节的利益分配格局不清晰，也限制了国际竞争。我国国内出版商应以好的内容为基础，自行创建应用或通过不同国家的专家尝试使用世界各地的数字平台。

例如，北京语言大学出版社的汉语学习应用，于2012年登录Apple Store，下载江苏科学技术出版社的《针灸经络穴位》一书的应用的用户中的60%均为欧美用户。这说明国内出版企业成功地在全球范围内进行数字内容输出，开始由被动向主动转变，通过开发数字产品来替代单独的数字内容，通过新技术发展创新海外营销渠道。

（5）国外办出版社

国际广告传播业很容易被跨国公司垄断，我国对广告业监管严格，很多广告领域外资难以进入，使得印刷企业没有做强的动力，难以在激烈的国际市场竞争中一展实力。

只有有能力的出版集团"走出去"，到国外出版，办海外出版社，才能尽快摸清国际市场情况，才能吸取市场给予的经验教训，更好地践行我国出版产业"走出去"的战略。

二、加强优秀文学作品的影视拍摄

影视作品是大众文化娱乐产品，具有"声画一体"的特点，可以最大限度地发挥人们的听觉和视觉功能，极大地满足人们的娱乐心理。如果我们能把传统典籍文化作品以正确的方式融入画面，一定会引起人们对传统文化的关注。

看电影和电视已经成为现代社会最流行的日常娱乐方式。事实上，世界上每一个国家都把影视作为传播国家文化的重要途径，影视的国际流通和传播对于民族文化的弘扬具有重要意义。

影视文化产品在文化产业中占有重要地位，已成为英、美、法、日、韩等国的主要发展产业。影视必须在发展国家软实力、推动中华文化"走出去"方面发挥重要作用。

据分析，中国形象的最佳传播方式是看有中国元素的电影、与中国人交朋友、选用中国制造的产品、读中国书、参观中国城市、去中国餐馆等。外国观众对中国电影所展现的中国文化符号的反应，可以引发我们思考中国电影的国际传播能力与有效途径。电影中呈现的动作、景物、故事情节、题材构成、人物性格等可以展现中国文化符号的元素及其内涵，反映深刻的情感、道德和中国文化的发展。

随着信息技术的发展，以及电影、电视、互联网、社交媒体等的发展，已经实现新技术平台与文学作品紧密关联的互动作用。将中国文化典籍作品转化为优秀影视作品，然后通过影视作品参与国际电影节、文化活动、演出等国际市场推广，通过影视海外发行、销售等方式向社会推广，可以提高影视作品的世界知名度，同时随着影视作品的走红，可以引发观众对原著的好奇心，鼓励观众阅读电影背后的书籍，最终实现中国文学典籍作品的"走出去"。比如，根据莫言作品改编的电影《红高粱》的走红，推动了莫言的文学作品走向世界，同时提升了莫言的世界影响力。

三、借用西方报刊等媒体宣传

中国文化利用媒体，促进"走出去"战略有效实施的努力从未停止。20世纪30年代就有了《中国之声》，抗日战争期间有《中国通讯》；解放战争时期有《中国文摘》。新中国成立后，有1950年创刊的英文双周刊《人民中国》；1952年创刊的《中国建设》，后改名《今日中国》；1958年创刊的《北京周报》以及1981年创刊的《中国日报》等各种对外报纸杂志及对外传播网站。目前，新华社广告牌登上了纽约时报广场，《中国日报》也发行了美国版，《人民日报》下属的《环球时报》开辟了英文版，人民网也搬入纽约标志性建筑帝国大厦。从以上成就不难看出，中国文化从20世纪30年代，一直到今天从未停止开辟自己的媒体，发出自己的声音。

但是，要扩大中国文化在西方的传播范围，提高其影响力，仅仅凭借自己的力量是不够的，必须联合西方媒体。由于意识形态和文化的差异，西方媒体对中国仍有偏见，我们必须学会使用西方的语言和传播方式，与他们沟通合作，尽可能消除分歧和误解。

在中国文学的翻译和介绍方面，扩大西方媒体的报道范围，意味着必须促进中外媒体相互了解和分享新信息。同时，加强与《书单》《图书馆日报》

《出版社周刊》等专业期刊的联系，及时发布与报道中国文学作品的翻译出版情况。

四、积极参加国际书展

国际书展是一种通过翻译中国文学典籍作品促进中国文化"走向世界"的重要途径。参与国际书展可能会促成相应的签约，增进相互之间的往来。例如，中国图书进出口总公司在伦敦书展期间与英国 W.H.Smith 书店签订了"中国主题图书推广月"短期合同，为双方长期发展业务关系打下坚实的基础。

在历届国际书展上，中国多次作为主宾参加。实践证明，通过书展活动，我们不仅可以专注于自己图书的广告效果，还可以用其他艺术形式，多角度、全方位地展现出当前中国的文化状况。

五、引入文学代理人制度

中国出版集团原总裁聂振宁认为，中国当代文学优秀作品必须走向国外。眼下最紧迫的问题是，缺乏既了解当代文学作品和国际市场，又具有与国际出版机构合作的良好背景的中介人才。

这里的"中介人才"指的是"文学代理人"。中国文学机构往往无法直接接触汉学家，译文在国外出版后，他们不知道如何保护作家和译者的利益。国内应该有一些靠谱的版权代理机构，当需要在国外找作家时，可以直接联系版权代理机构。现在国外的出版商来到中国都一头雾水，他们不知道如何判断或听谁的，评论家、作家和出版商往往各持己见，市场一片混乱。如果有专业的代理人，懂国际市场，懂文献本身，有专业的国际化团队，会省去很多麻烦。中国文学"走出去"最大的问题不是翻译，而是缺少专业的文学代理人。贾平凹认为，当今中国缺少的是一批专业的、优秀的"文学代理人"。比如，贾平凹的《高兴》，谈海外版权的时候，往往是每个区域都有不同的人上门问询，缺乏一定的正规性。

目前，中国优秀作家在境外都有自己的版权代理，外国译者也纷纷将触角伸向中国，有些人有意识地关注哪些中国作家的翻译价值最大。他们成立了一个相对松散的组织——"纸上共和国"。在这个组织中，一些来自各个国家的中文语言能力良好的人聚集在一起，其中有些是"中国通"，经常联系中国作家和出版社。当中国作家发表新作品时，中国人还不知道，他们就已经掌握了信息。这个"纸上共和国"的成员有意识地对中国文学进行了一些翻译和推广工作。

文学版权文献的出口应采取专业的方式。中国文学要"走出去",就必须建立文学代理人制度。可以选择专门从事版权服务的公司,或者可以聘请有经验的版权经纪人和文学代理人担任中国作品的版权代理人。

六、利用国际学术平台

国际学术组织定期召开学术研讨会,国内作家应利用这些学术平台,组织参加交流活动,积极宣传自己。现在,莫言、余华、毕飞宇、苏童、池莉等作家越来越多地参加国外组织的交流活动。国内文学界也应该积极组织国际学术交流活动,为中国作家搭建"走出去"的平台。例如,中国作家协会每两年举办一次"汉学家文学翻译国际研讨会"。

七、增加政府对海外翻译家的资助

资助外国译者翻译和介绍中国文学,也是推动中国文学"走出去"的渠道。为了翻译和介绍中国文学,推动中国文化"走出去",国家政府投入大量财力,启动了数十个译介项目。

事实上,中国文学要实现全球化,政府机构作为"保护者"需要进行相应的资助、协调与保护工作。比如,莫言的作品已经被世界各国,特别是日本、法国、意大利和德国的许多有才华的翻译家翻译过,已经走向世界,莫言作品的成功,也为其他中国文学作品做出了榜样。要在海外推广中国文学,在加强对翻译人员的挖掘、培养和资助等方面还有很多工作要做。

第三节 中国典籍作品译介前景

一、中国文化的地位和影响力

一个国家在世界上的形象与其政治、经济、军事实力息息相关。如果一个国家各个方面都强大,那么这个国家的文化、文学和其他信息就会更容易流向其他国家,也会得到其他国家的关注。当一个国家各个方面都处于软弱状态的时候，这个国家的信息和文化就很难影响其他国家。因此，一个国家的综合实力和国际影响力在一定程度上决定了其文化典籍作品能否走向世界。

文学典籍作品的传播永远不只是文学典籍作品自身的命题，中国当代文学要在当今世界文学格局和等级秩序中晋身"普世"、成为"经典"，这一命题的"非文学性"就尤为突出。19世纪，法国文学在世界范围内传播，主要依靠法国国际地位的提升和法国文化迅猛发展的影响。因此，中国文学"走出去"最重要的因素应该是中国国力的进一步发展。

中国的经济发展水平日益提升，这与中国文化在国际上的地位和领导力非常有限的事实完全不相符。中国是一个文化丰富的国家，但在文化生产和出口方面存在明显的"文化赤字"。文化产品很难从中国转移到国外，与外国文学相比，中国文学在世界文坛的地位和影响力同样处于弱势，弱势文化和文学向占主导地位的强势文化和文学传播，在策略的制定上必须更多地考虑到译入语文化的接受和认同。

二、中国典籍作品译介所处阶段

译介中国典籍作品不同于向外国输出货物，它是一个从归化到异化的过程。这一过程非常缓慢，异质性程度必须逐渐增加，不能操之过急。

任何外国文学打开海外市场都不容易，而与西方文化截然不同的中国文化典籍更难被西方接受。中国文学典籍走入西方，必须考虑中西方存在的时间的差异和语言差异。关于时间差异，西方读者直到近年才对中国文化和文学产生兴趣，但是中国读者阅读和接受西方文学已有一百多年的历史。语言差异意味着中国人学习英语和了解西方文化比西方人掌握中文和了解中国文化更容易。

中国文学在国外的译介仍处于初级阶段。对新事物、新知识的理解和接受必须与已有的知识结构挂钩，中国文学译介在初级阶段选择翻译和介绍方式时，必须考虑普通读者的审美情趣，并为他们提出新的想法，以便他们在阅读时减少一定的阻碍从而有更多的认同与接受。如果第一阶段采用异化翻译，要求西方读者接受文化"差异"，一般西方读者难以接受。在翻译中国文学作品时，译者之所以采用大量归化和译文改写的策略，正是因为译者需要考虑当代西方读者对中国文学和文化接受的时间差异和语言差异。

中国文化的弱势地位和中国文学"走出去"的第一阶段，决定了中国文学选择的翻译和"走出去"的方式要侧重于译入语语言文化。这是保证中文翻译接受度提升的唯一途径，有助于中国文学在译入语国家形成稳定的场域。一段时间以后，当中国文学能够在译入语文学系统内部生存并发展，中国文学的译介模式就可以做适度调整，循序渐进地实现中国文学的"走出去"。

三、中国典籍作品译介发展方向

中国文化典籍作品在"走出去"的过程中，一方面要摒弃凌驾于他人之上的心态和由此产生的急功近利的功利心态，真正实现文化传播在各个层面的平等。此外，还应充分考虑到西方观众的接受特点和心态，注重与世界的沟通、协调和联系。为了避免走向另一个极端，中国文学不能一味地根据目标语言国家的需要"走出去"，一味地取悦西方读者、满足他们的好奇心，不恰当地消除语言和文化的内在差异，从而导致文化传播的空洞性与虚幻性。

考虑到中西方文化差异这一客观现实，我们不能简单地回应外国读者的喜好，仅仅以西方文化为参照，制造出变异形象。我们必须在审视自身文化的基础上，在平等、相互尊重的文化交流过程中塑造当代中国的国家形象。只有在中外对话中不忘民族认同，中国文学典籍作品才能进入西方观众的内心世界，传达中国文化的精髓。

参考文献

[1] 夏婉璐.视角与阐释——林语堂翻译研究[M].成都：四川大学出版社，2017.

[2] 汪榕培，王宏.翻译专业本科生系列教材：中国典籍英译[M].上海：上海外语教育出版社，2009.

[3] 许钧.译道与文心 论译品文录[M].杭州：浙江大学出版社，2018.

[4] 白淳.20世纪中国古代文化经典在东南亚的传播与影响[M].郑州：大象出版社，2017.

[5] 包通法."道"与中华典籍外译[M].北京：中国财富出版社，2014.

[6] 白晶，姜丽斐，付颖著.跨文化视野下中西经典文学翻译研究[M].长春：吉林大学出版社，2018.

[7] 潘文国.英汉语比较与翻译：11[M].上海：上海外语教育出版社，2016.

[8] 何明星.中国图书在世界的传播与影响[M].北京：新华出版社，2014.

[9] 外语翻译理论与实践[M].天津：天津科学技术出版社，2019.

[10] 王平.文学翻译理论体系研究[M].成都：电子科技大学出版社，2017.

[11] 唐昊，徐剑波，李昶.跨文化背景下英语翻译理论研究与实践探索[M].长春：吉林人民出版社，2020.

[12] 武锐.翻译理论探索[M].南京：东南大学出版社，2010.

[13] 肖艳梅，王秀俊.多维视角下英语翻译理论创新研究[M].北京：北京工业大学出版社，2019.

[14] 荣立宇.藏族典籍翻译40年——基于中国知网1979—2018年文献[J].

民族翻译, 2022（2）:57-67.

[15] 刘露. 典籍汉译对推动中国文化"走出去"的启示 [J]. 汉字文化, 2022（8）:146-147.

[16] 黄艳华, 陈萍. 文化预设与中国典籍翻译——以《红楼梦》杨戴英译本为例 [J]. 今古文创, 2022（17）:120-122.

[17] 杨国强, 吕世生. 独在异乡为"译"客——美国汉学家华兹生寓居日本的翻译历程考察与反思 [J]. 东北亚外语研究, 2022, 10（2）:51-64.

[18] 李阳. 戴维·亨顿的文学译介与文化思辨 [J]. 外语与翻译, 2022, 29（1）:29-34.

[19] 依旺的.《中国贝叶经全集》翻译出版综述 [J]. 民族翻译, 2022（1）:77-84.

[20] 郭佩英, 刘怡春. 功能语言学语境观下中国典籍文化词的翻译——以《论语》核心词"仁"翻译为例 [J]. 盐城工学院学报（社会科学版）, 2022, 35（1）:75-79.

[21] 王媛. 文言文典籍英译模式与策略研究——基于《中国十大古典悲剧故事》的翻译实践 [J]. 黑龙江教师发展学院学报, 2022, 41（2）:122-124.

[22] 郑雯琦. 多模态话语分析视阈下中国典籍翻译 [J]. 品位·经典, 2022（2）:54-56.

[23] 李哲. 俄罗斯汉学在中俄文化交流中的历史价值和现实意义——俄罗斯档案馆馆藏中国文化典籍译本文献管窥 [J]. 中国档案, 2022（1）:76-78.

[24] 范祥涛, 金玲. 德庇时汉语古诗英译的翻译目的论阐释 [J]. 南京航空航天大学学报（社会科学版）, 2022, 24（1）:97-102.

[25] 刘雪芹. 王宏印民族典籍翻译研究的学术影响和贡献——基于引用内容的分析 [J]. 民族翻译, 2021（6）:34-43.

[26] 靳秀莹, 陈霞. 接受理论视角下中华文化典籍《孝经》英译本研究 [J]. 豫章师范学院学报, 2021, 36（6）:31-35+55.

[27] 张志强, 杨宁伟. 当今典籍翻译研究：成就、问题与方法 [J]. 外语与翻译, 2021, 28（4）:19-25+98.

[28] 顾春江.跨文化传播视域下的中国典籍英译翻译策略——评《基于"大中华文库"的中国典籍英译翻译策略研究》[J].热带作物学报,2021,42（12）:3708.

[29] 李寐竹.民俗学视野与宇宙志翻译观:马克·本德尔中国少数民族民间文学翻译述评[J].民族论坛,2021（4）:91-98.

[30] 郭高攀,何艾克.察学生之所需,探典籍之译道——何艾克教授访谈录[J].山东外语教学,2021,42（6）:3-9.

[31] 张梦璐.构建中国典籍"走出去"可持续发展体系——基于四大名著的翻译出版[J].今古文创,2022（1）:111-113.

[32] 陈雪霞.接受视角下中国文化典籍的对外传播效果——基于《论语》两英译本的实证对比研究[J].科教文汇（上旬刊）,2021（12）:181-185.

[33] 谈姝雅.中华文化外译的窘境与反思——以《大中华文库》外译为例[J].英语广场（学术研究）,2021（34）:22-24.

[34] 李乐,莫冉."观"与中国典籍范畴的"时中"式翻译[J].燕山大学学报（哲学社会科学版）,2021,22（6）:29-35.

[35] 严晓江.张柏然中国特色翻译思想的诗学启示[J].解放军外国语学院学报,2021,44（6）:27-33+158.

[36] 符蓉,张律.翻译生态伦理视域下的海外汉学家与19世纪中国典籍英译史研究[J].牡丹江教育学院学报,2021（10）:4-6+119.

[37] 乔现荣,谈艺喆,任慧君.文体学视域下《黄帝内经》两个经典英译本的比较研究[J].商洛学院学报,2021,35（5）:43-47.

[38] 李孝英,邝旖雯.从中医典籍外译乱象看中国传统文化翻译的策略重建——以《黄帝内经》书名翻译为例[J].外语电化教学,2021（5）:26-33+4.

[39] 张宏雨,刘华文.MDA模型驱动下《论语》译本语域变异的多维对比研究——以理雅各、安乐哲的英译本为例[J].外语电化教学,2021（5）:41-47+6.

[40] 张西平.建立中国自己的翻译理论:许渊冲的翻译实践及其价值[J].北

方工业大学学报，2021, 33（5）:14-18+30.

[41] 李雯璐，张涌，吴秀群. 翻译操纵论视角下中国典籍复译研究——以理雅各《诗经》译本为例[J]. 铜陵学院学报，2021, 20（5）:84-87.

[42] 仲晨阳. 新时代典籍英译策略研究——中国英语与典籍重译[J]. 英语广场，2021（29）:25-27.

[43] 张智中. 兼容策略，辩证眼光——汪榕培的汉诗英译思想[J]. 外国语言与文化，2021, 5（3）:106-115.

[44] 王治国. 根深植故土，性本向高天：王宏印民族典籍翻译思想探微[J]. 燕山大学学报（哲学社会科学版），2021, 22（5）:39-45.

[45] 杨艳. 中国民族典籍翻译研究的可视化分析（1986-2021）[J]. 西藏大学学报（社会科学版），2021, 36（3）:176-184.

[46] 陈飞燕. 试论中国古代文论的翻译得失——基于《典论·论文》的翻译分析[J]. 新纪实，2021（22）:15-18.

[47] 张欢. 生态翻译学视阈下《黄帝内经》英译本评析[J]. 海外英语，2021（16）:61-62.

[48] 曾凡冬. 耶稣会士马若瑟《诗经》译介中"天"的形象构建[J]. 东方翻译，2021（4）:27-33.

[49] 沈洁. 典籍英译如何译？——评《基于"大中华文库"的中国典籍英译翻译策略研究》[J]. 燕山大学学报（哲学社会科学版），2021, 22（4）:54-59.

[50] 张朦. 少数民族诗歌英译的文化意象传达策略——以《召树屯》为例[J]. 集宁师范学院学报，2021, 43（4）:72-75+80.

[51] 张晨晨，谭业升. "中医西传"视域下《伤寒论》英译本的海外传播与接受研究[J]. 解放军外国语学院学报，2021, 44（4）:150-158.

[52] 汤雪梅. 从文化语境重构看典籍《闲情偶寄》翻译策略的选择[J]. 湖北开放职业学院学报，2021, 34（13）:188-189.

[53] 靳秀莹. 中华孝文化"走出去"之《孝经》英译本海外接受研究[J]. 乐

山师范学院学报, 2021, 36（7）: 27-34.

[54] 王海艳. 文化自信理念下中国翻译话语重构策略研究 [J]. 今古文创, 2021（27）: 120-121.

[55] 魏泓. 中国散文典籍英译教材建设研究 [J]. 黄河科技学院学报, 2021, 23（7）: 92-96.

[56] 冉诗洋, 尹露露. "中国翻译话语典籍"英译研究之训诂与考据——兼评《中国翻译话语英译选集（下册）》的部分译例 [J]. 外国语言与文化, 2021, 5（2）: 103-113.

[57] 李小华. 文化自觉与文化自信视域下的典籍翻译探究 [J]. 河北广播电视大学学报, 2021, 26（3）: 55-57.

[58] 迟惠心, 于文龙. 论中国哲学典籍翻译本土译者的时代使命——基于安乐哲翻译思想 [J]. 海外英语, 2021（12）: 37-38.

[59] 张冰. 从"中学西传"到"西学俄渐"的中国典籍传播——以《大学》最早进入俄罗斯为例 [J]. 国际汉学, 2021（2）: 110-117+204.

[60] 陈利. 结微情以陈词——邱苏伦教授与中国典籍泰译 [J]. 国际汉学, 2021（2）: 15-21+200.

[61] 赵卿, 王艾. 文化理解深度对典籍英译的影响——以"理"的翻译为例 [J]. 海外英语, 2021（11）: 225-228.

[62] 王尔亮. 中医药典籍外译与接受过程中的问题与策略研究 [J]. 中华中医药杂志, 2021, 36（6）: 3664-3667.

[63] 张睿峤, 高存. 基于场域理论下的中诗英译研究——以《诗经·国风》两个英译本为例 [J]. 海外英语, 2021（10）: 74-77.

[64] 徐文彧. 中西方文化差异比较的意义 [J]. 科技创新导报, 2009（13）: 211.

[65] 蔡媛媛. 生态翻译学视阈下《送友人》英译本的对比分析 [J]. 英语广场, 2021（13）: 19-23.

[66] 孙睿. 安乐哲对中国典籍的翻译与研究 [J]. 海外英语, 2021（8）: 63-65.

[67] 周莉. 关联理论视角下典籍英译策略分析 [J]. 英语广场, 2021（12）: 18-20.

[68] 汪可, 任晓霏. 中国古代蒙学典籍《增广贤文》翻译研究的"否定分析"[J]. 考试与评价（大学英语教研版）, 2021（2）:63–66.

[69] 张欢. 生态翻译学视角的《山居秋暝》英译研究[J]. 现代交际, 2021（7）:90–92.

[70] 曾玉婷. 习近平用典对外传播效果研究——基于中日平行语料库的分析[J]. 闽西职业技术学院学报, 2021, 23（1）:104–108.

[71] 庄新. 科技史视域下19世纪美国汉学家对中国博物学典籍的译介——以卫三畏对"本草纲目·蠳螉"条目的翻译为例[J]. 自然辩证法研究, 2021, 37（3）:98–103.

[72] 李兴福. 暮年奋力兴中华——悼念卢思源教授[J]. 上海理工大学学报（社会科学版）, 2021, 43（1）:99–100.

[73] 朱振武, 袁俊卿. 西人英译中国典籍的价值取向与中国形象的异域变迁[J]. 中国翻译, 2021, 42（2）:55–64+190.

[74] 徐文彧. 中西方习俗与语言教学探索[J]. 沈阳农业大学学报（社会科学版）, 2005（1）:86–88.

[75] 任雅婧, 陆敏. 西方汉学家在典籍翻译中存在的问题及对策[J]. 海外英语, 2021（3）:172–173.

[76] 黄中习. 汪榕培中国典籍英译思想的计量可视化分析[J]. 外国语文研究, 2021, 7（1）:57–67.

[77] 潘智丹, 杨俊峰. "传神达意"通古今——《汪榕培学术研究文集》整理后记及评论[J]. 外国语文研究, 2021, 7（1）:68–77.

[78] 闵玲.《黄帝内经》英译主体及译介效度探究[J]. 中国中西医结合杂志, 2021, 41（7）:868–872.

[79] 陈蕾. 基于目的论的陶瓷文化典籍中陶瓷诗歌翻译策略研究——以《中国陶瓷图录》为例[J]. 齐齐哈尔师范高等专科学校学报, 2021（1）:54–57.

[80] 丁大刚. 典籍翻译个案研究的微观史建构——以理雅各为中心的考察[J]. 燕山大学学报（哲学社会科学版）, 2021, 22（1）:7–16.

[81] 冯丽君,张威.生态翻译视阈下民族典籍译介研究[J].外语教学,2021,42（1）:100-103.

[82] 严苡丹.后殖民主义语境下的中国古典文学英译研究——以《西游记》韦利译本为例[J].社会科学战线,2021（1）:261-265.

[83] 丛海燕,薛丽平.国内中国典籍翻译研究（1981—2020年）——基于CNKI文献的可视化分析[J].温州职业技术学院学报,2020,20(4):86-91.